ESTHÉTIQUE DU PÔLE NORD

Paru dans Le Livre de Poche :

L'ARCHIPEL DES COMÈTES
L'ART DE JOUIR
CYNISMES
LE DÉSIR D'ÊTRE UN VOLCAN
L'INVENTION DU PLAISIR : FRAGMENTS CYRÉNAÏQUES
POLITIQUE DU REBELLE
LA RAISON GOURMANDE
LA SCULPTURE DE SOI
THÉORIE DU CORPS AMOUREUX
LE VENTRE DES PHILOSOPHES
LES VERTUS DE LA FOUDRE

Collection dirigée par Jean-Paul Enthoven

MICHEL ONFRAY

Esthétique du pôle Nord

Stèles hyperboréennes

GRASSET

Ce que le père a tu, le fils le proclame ; et souvent j'ai trouvé révélé par le fils le secret du père.

NIETZSCHE,
Ainsi parlait Zarathoustra,
« Des tarentules ».

SOMMAIRE

TROISIÈME PARTIE

LE TEMPS DÉTRUIT : LA DISPARITION

ENVOI

Fidélités

Depuis sa naissance le 29 janvier 1921, jamais mon père n'a quitté Chambois, son village natal normand ; jamais il n'a manifesté de désirs, d'envies, de souhaits ; jamais je ne l'ai entendu récriminer ou se révolter contre son sort ; jamais je ne l'ai surpris dans la convoitise ; jamais il n'a maudit sa condition d'ouvrier agricole qui l'a condamné au dénuement ; jamais je ne l'ai vu dans le ressentiment à l'endroit du monde comme il va et qui l'a fait modeste, sans grade, sans voix, taciturne comme le sont viscéralement les gens de la terre, épuisés au travail, fatigués, éreintés.

Au milieu d'un champ où nous plantions des pommes de terre, sous le gazouillis d'alouettes époumonées, je lui avais demandé quelle destination il élirait si d'aventure un magicien se penchait sur son destin pour rendre possible ce voyage idéal. Il m'avait répondu : « Au pôle Nord. » J'avais à peine dix ans, l'âge vers lequel il m'avait désigné, une nuit d'été, devant la porte de la maison où nous habitions, la présence scintillante de l'étoile Polaire qui ne se couche pas, reste fixe dans le ciel et sert aux navigateurs pour ne jamais perdre leur cap.

Pour ses quatre-vingts ans, je lui fis cadeau de ce voyage en terre de Baffin, au-delà du cercle polaire – au *pôle Nord*. Ces pages en racontent la partie émergée.

À mon père, donc.

PREMIÈRE PARTIE

Le temps élémentaire : la rareté

Chapitre premier

Le temps géologique : la pierre

Avant le temps, quand rien ne permet le repère, alors que tout interdit l'archéologie ou la généalogie, la pierre triomphe absolument. Sans les hommes qui rendent possible le réel par la conscience qu'ils en ont, la géologie impose une durée inconcevable, une éternité incarnée, une immortalité prisonnière de formes dures, redoutables et muettes. Dans le silence du mouvement des hommes ou des mammifères auxquels ils sont apparentés, le minéral impose sa loi cardinale et impérieuse : l'atomisme pétrifié, les particules emprisonnées dans le métal d'un schiste ou d'un grès, d'un basalte ou d'un granite.

Pierre brute, partout, en quantité, en nombre. Pierres éboulées, en cônes, pierres effondrées, en blocs, pierres dévalées, aléatoires, en immenses dessins élégants qui produisent des volumes ajoutés aux montagnes, pierres fatiguées, épuisées, éreintées, roulées, devenues lisses à force de nuits et de jours dans le roulis des vagues glacées, galets aux dimensions multiples, vieilles pierres à la mémoire lente ou pierres acérées récemment détachées des falaises, arrachées aux sommités par le vent et la pluie, la neige et la glace, le gel et le froid, les torrents et les dégels.

La minéralité règne sans partage et avec elle ses qualités rares et inhumaines : la dureté, la compacité, le fil du rasoir impitoyable, l'arête coupante, le tranchant effilé, l'inhospitalité de l'impénétrable. Puis l'effacement de ces fils dangereux par le temps de la mer, du sac et du ressac, la lame détruite par le léger jusant des marées vite revenues, la rondeur acquise avec le temps de l'éternité, celui qui dispose du temps des dieux et se mesure sans complexe à l'aune de l'infini. Galets roulés, ajustés aux paumes et aux doigts recroquevillés pour contenir une part de l'immortalité des divinités dont on ignore ici les noms.

Partout autour de soi, la pierre s'impose : montagnes et falaises en à-pic, monts et fjords étourdissants une fois envisagés du sol ou du niveau de la mer, fractures immenses de la plaque dans laquelle l'eau s'engouffre depuis des millénaires, découpages côtiers dont le modèle rappelle l'ouvrage fin et précis : des tonnes de pierre témoignent d'un travail semblable à celui de dentellières démiurgiques ou de couseuses héroïques. Des Nornes appliquées à tailler, sculpter, miner, exploser le rocher comme si elles s'occupaient à faire advenir alvéoles, creux, volumes, maillages et polygones réguliers en jouant avec le minéral comme les humains avec le fil ou le souffle des mystiques.

Dans sa matière brune, ocre, grise, piquetée de micas rares, la pierre accroche superbement les variations de lumière, seules concessions faites au temps, à l'image mobile incrustée dans ce monde d'éternité immobile. Là où se montre le minéral, l'éternité parle ; quand se manifeste la lumière, le temps s'exprime. Dans la disparition des repères chronologiques, le brouillard, la pluie et le soleil modulent des variations, des modifications, des transformations. Quand on croit étouffer, pris à la gorge par l'éternité, le temps revient sous forme d'ombres, de luisances, de matités, de multitudes sombres, de souffles ombrés, d'estompages discrets.

Les brumes enveloppent, circonscrivent, entourent, étouffent discrètement, elles noient, enserrent dans de vastes étreintes invisibles, puis raréfient l'air, attaquent la respiration, digèrent l'oxygène, rafraîchissent les poumons et rendent courte la respiration des humains ; la pluie imprègne, pénètre, humidifie jusqu'à la moelle, elle plisse la peau, congédie les surfaces lisses et installe une granulation froide sur tout ce qu'elle recouvre ; le soleil vaporise, chauffe, assèche, revitalise. Les pierres subissent la loi de ces éléments : la brume lisse et noircit, l'eau enveloppe et assombrit, le soleil libère les couleurs – gris, bleus, violets, roses. Grains révélés, matières expansives, chromatismes affolés, matières exacerbées, les pierres sauvages relèvent de très anciennes vérités.

L'histoire se raconte au lecteur patient et habitué. Elle prend le soin de se travestir, de se dissimuler. Résistante, secrète, discrète, elle ne se livre pas immédiatement mais exige l'humilité du mystique attendant un signe de la divinité. Disponible, le quêteur de sens se met en demeure de le recevoir, il l'attend sans précipitation, il accepte le principe de ne pas le voir tout de suite. Ici, le temps a le temps. L'infinitésimal enseigne dans la quintessence, il distille, donne sans profusion, dans la rareté et le moindre, à qui mérite, par son regard pointu et patient, exercé ou aristocrate.

Dans l'odyssée pierreuse, au creux même de ce temps élémentaire et primitif, le minéral sauvage et brutal, rude et sec, trahit un passé : des résistances avérées, des usures manifestes, des dynamiques évidentes, des énergies trahies, des forces exacerbées. Dans ce monde apparemment immobile, stable et silencieux, la puissance parle, celle de la nature radicale et amorale, tellurique et primitive, inhumaine et majestueuse. Puissance de monstres ou de complices aveugles. Feu du gel et brisures du dégel, eau des brumes sombres et imprégnation des humidités génésiques, air sec et rare des souffles hyperboréens, puis vents coulis venus des enfers dantesques.

Là, la violence du gel explose la pierre, détaille en lamelles fines et régulières, fabrique un mille-feuille avec du froid, édifie une architecture produite par le vent, l'air, le feu et l'eau ligués contre la matérialité brute, épaisse et compacte. Geler à pierre fendre... Ailleurs, elle subit la loi du Même et de l'Autre, de la répétition et de la différence, celle de la nécessité des ordres du monde : le semblable tellement identique qu'il cache superbement le dissemblable niché dans l'épicentre, caché au cœur même de l'autre. Quand la pierre ressemble à sa voisine, apparemment identique, elle masque sa spécificité, visible seulement par l'œil du géologue inspiré ou du poète présocratique.

Dès l'apparition du froid inuit, la dilatation déchire la pierre. Ce qui semblait inatteignable, imputrescible, inaccessible aux effets du temps subit, comme le reste, l'entropie et le travail de la négativité. Même les pierres meurent. Elles éclatent, se démembrent, se délitent, bientôt elles deviendront sable, poudre destinée aux sabliers compagnons de l'angoisse des hommes. Avant-hier, la masse impénétrable, le bloc infracassable ; hier la fraction, les fragments, les morceaux, les blocs ; demain les poussières, semblables à celles des corps nettoyés par la mort et disséqués par le travail d'un temps auxiliaire.

L'atome – étymologiquement l'impossible à séparer, l'irréductible se refusant depuis les temps immémoriaux à la coupure, au démembrement, à l'écartèlement –, l'atome, donc, cesse de résister à la volonté humaine de fracassement. Sous le gel, il périt, disparaît, souffre l'explosion, la partition, il subit la loi de la pénétration des interstices, il connaît la douleur de voir infiltrés ses canaux les plus secrets, il livre, comme d'inconnus couloirs de châteaux ou d'invisibles souterrains de bâtisses magiques, ses entrailles les plus fines, ses capillaires ineffables et indicibles, il se laisse imbiber, fouiller, connaître. Puis éclate...

Sur le rivage, au pied d'une falaise immense, baignées dans l'eau glacée des fjords insensibles à l'humanité, les pierres fendues gisent, en tranches fines et régulières, en pièces d'un jeu inutile créé par la nature, démiurge insensé et brutal. Taillées sans la main de l'homme, séparées en dehors de toute intelligence volontaire ou de toute intention délibérée, elles zèbrent l'air auquel elles présentent leurs entrailles sèches. Le vent s'y engouffre, joue, siffle, il produit une musique semblable à celle des sphères pythagoriciennes : les pierres chantent, dans le gel et après, dans le vent et l'air, dans la lumière et l'innocence des rivages préhistoriques. Pierres du destin dont la voix ressemble à celle des débuts de l'humanité...

Leur état faussement naïf renseigne sur leur passé, leur provenance, leur origine. Pas de virginité pour ces pierres apparemment jeunes, mais seulement nubiles dans leurs agencements. Vieilles, elles le sont par leurs particules, leur âge géologique, leur charge de carbone, leur généalogie contemporaine des grandes furies de la nature ; pas par leurs mouvements récents, leurs déplacements, leurs positions et situations dans la géographie de Baffin. Descendues dans le lit d'un torrent, charriées par une chute d'eau glacée, transportées au cœur des entrailles d'un glacier, précipitées par un glissement de terrain, roulées par les vagues noires, les pierres avouent un passé franc et net. Immobiles au moment où elles se donnent au regardeur, elles avouent toutefois une odyssée à recomposer pendant les heures de méditations polaires. Sous l'apparente indolence minérale se dissimule l'histoire de l'humanité, quand les hommes n'avaient pas encore lâché dans la nature les effets redoutables de leurs intelligences natives...

Avec ces pierres sauvages, les hommes simples, vrais et nets, fabriquent des pierres domestiquées. Celles des cairns, l'*inussuq* des Inuits. L'assemblage anthropomorphe taille dans le vif de la nature : la toundra arctique offre d'immenses espaces vides pour l'érection de ces architectures symboliques qui permettent aux chasseurs, aux voyageurs, aux pêcheurs, et à tous les hommes qui passent dans cet univers rude, enneigé ou non, de savoir le passage d'autres humains. Jambes, torse, bras et tête, parfois surmontée d'une touffe de tourbe, constituent un genre d'épouvantail métaphysique : un signe, un geste, un verbe, un sens, une signification, une écriture pétrifiés. Au cœur de ces agencements minéraux, des hommes laissent parfois des messages écrits pour leurs semblables amenés à fouler le même sol inhospitalier.

Avec ces pierres intelligentes fabriquées à l'aide de pierres brutes, le temps géologique, minéralogique, devient un temps géographique et contractuel. Le passage de la nature à la culture se montre dans cet édifice transcendant qui part du sol gelé et darde sa pointe vers un ciel vidé des dieux occidentaux. Pas de cathédrale, de flèche de clocher, de tour industrielle ou d'envie de manifester la domination de l'homme sur la nature, sa maîtrise des lois de l'équilibre, son triomphe sur la résistance des matériaux, mais une preuve d'immanence : des hommes sont là, passés par là, d'autres y arrivent et peuvent s'enrichir de cette présence ancienne, présente ou future. Un message d'homme pour les hommes qui court-circuite les dieux, le divin, la transcendance et instaure le monument immanent, la stèle païenne...

Parfois ces pierres agencées ne s'adressent pas aux hommes mais aux animaux. Car dans les géographies du Grand Nord la différence entre les deux règnes ne semble pas aussi tranchée qu'en Occident. Là-bas, les humains ne sont pas si arrogants et prétentieux qu'ils s'évertuent en permanence à nier le mammifère en eux. Les Inuits et les baleines, les phoques, les morses, les ours, les plongeants, les pétrels, procèdent d'un même monde, d'une même humanité, d'un même cosmos, semblable univers pour de dissemblables modifications de matière. Éternel et immortel panthéisme... De sorte que le cairn enseigne aussi le caribou, le troupeau de caribous : il manifeste la présence humaine et trace lignes de force et de fuite pour les animaux. Par le cairn, l'Inuit modifie aussi le trajet de ces bêtes impressionnantes, il leur indique la voie à suivre et ménage ainsi une hypothétique rencontre avec la bouche de leur fusil.

Vus de la mer où l'on aperçoit parfois le dos ou le souffle d'une baleine croisant dans la baie du village, le cairn appelle le marin et sécurise le navigateur. Dans le brouillard translucide, dans la brume épaisse, dans l'impénétrable nuage presque tombé au sol, le totem de pierre indique la communauté des hommes, la tranquillité après les eaux froides, la sérénité de l'habitation retrouvée, le havre des pêcheurs revenus à terre et descendus de leurs bateaux. Phare primitif, sémaphore minéral, édifice préhistorique, économe de ses moyens, le cairn flotte et claque aujourd'hui sur le drapeau des Inuits bercés dans l'illusion d'une fausse autonomie. Avec l'étoile Polaire.

Temps immémorial des matériaux sommaires et primitifs, le temps du cairn fond celui des hommes dans celui de la nature. Trajets d'hommes croisés avec celui des animaux, déplacements de mammifères et nomadisme des communautés, mélange des eaux du pêcheur et des terres du chasseur, réconciliation de l'immanence d'une terre rude, d'une minéralité triomphante et d'une neige impérieuse, d'une glace absolue et d'un ciel aussi riche en couleurs et nuages qu'une palette de peintre symboliste, l'amas de pierre manifeste la transcendance dans l'immanence, il réduit les oppositions classiques et occidentales, puis propose sa lecture du monde : le réel est matériel, horizontal, lisible dans les seuls signes du monde apparent. Le reste suppose la capacité à décoder le langage des plantes, des eaux, des animaux, des pierres, des climats – élémentaire pour l'Inuit ancestral...

Performatif, le cairn est ce qu'il dit, dit ce qu'il fait. Ce qu'il dit, il l'est, et vice versa. Rien de plus conceptuel et minimal, comme monument, que ce pur agencement de pierres qui est géologie et géomorphologie, géographie et anthropologie, mystique et religion, métaphysique et ontologie : dans ce tas de pierres sèches et sauvages s'incarne une philosophie de l'autre, de la survie, du vent et des éléments. Inattendu, inespéré, porteur de messages dynamiques, emblématique de nouvelles rassurantes, porteur d'âme, revitalisant, l'*inussuq* verticalise l'humain dans un monde radicalement naturel où chacun s'expérimente sur le mode précaire. Sculpture élémentaire dédiée aux mânes de Gaston Bachelard...

D'autres pierres – les mêmes, mais agencées différemment – servent à l'homme pour exprimer son pouvoir sur la nature, pour contrarier et contredire les éléments, en l'occurrence le vent, donc le froid. Ainsi, l'été, faut-il toujours lutter contre les brises légères mais persistantes ou les vents violents et brefs. Venus des fjords glacés ou des terres arides, des glaciers frigorifiants ou des mers polaires, les souffles sont rarement agréables, parfois agressifs, de temps en temps dangereux. L'air pur coupe, taille, déchire, met à vif, il nettoie les os et travaille la putréfaction pour rendre au minéral tout ce qui relève des autres règnes. Auxiliaire de la dessiccation, des transformations de la vie chaude et pulsée en os froids et secs...

Jamais le sol ne dégèle. Pergisol ou permafrost des scientifiques, la terre se refuse aux enterrements, aux creusages, aux trous à la pelle, aux forages. Impossible d'imaginer des fondations, des excavations, des béances telluriques : le Grand Nord ignore les leçons d'un humus fouillé, les vérités d'une terre retournée, les sagesses d'un labour frais. Rien : du gel, de la résistance, de la terre minérale elle aussi... D'où l'impossibilité de creuser pour arrimer la voilure d'un campement ou stabiliser l'architecture claquante au vent d'une toile de tente retrouvée au soir pour les nuits froides et humides dans le sac de couchage.

La pierre sèche et plate, sans destin de volume, sert à la fixation au sol de ce qui ne doit pas s'en aller, partir, s'envoler : les barques, les campements, les chiens, les morts. Tout s'arrête, chaque mouvement se fige à l'aide des pierres auxquelles on attache des filins : la frêle barcasse avec laquelle on retrouve au matin le bateau qui mouille dans la baie d'un fjord inondé de lumières grises, roses, bleues, acier ; les toiles de tente, frêles et fragiles dans l'immensité du paysage menacé par les brouillards et les froids mouillés ; le chien au crâne en partie arraché par la patte d'un ours blanc, chauve, donc, mais joyeux de retrouver ses maîtres qui, pourtant, peuvent lui claquer le museau, lui gifler la bouche, ou le botter sans ménagement.

Ou les morts : ainsi cette petite tombe sur une île désertée par les baleiniers au siècle dernier, les planches du cercueil à l'air, désolidarisées, les clous rouillés, les anciennes fixations détendues laissant entr'apercevoir le squelette sec et glacé d'un mort sans identité, sans nom sur une plaque, sur une croix, le corps recouvert, encore, par des pierres rondes, surmontées de tourbe. Certaines ont été posées par les hommes sur le cadavre, d'autres utilisées là où elles étaient, exploitées pour leurs vertus, encastrées, enfoncées quelques centimètres dans la terre pour maintenir le cercueil à même le sol, pour en interdire l'envol un jour de grand vent.

Sur la même île, ventée, frigorifiée, des cercles de pierres effondrées rappellent d'anciennes habitations : des huttes pour accueillir les familles de baleiniers dont certains reposent dans un cimetière proche, nettoyé en permanence par un vent glacé – ou par la neige. Rondes, semblables aux habitations préhistoriques du néolithique ou à celles que l'archéologie remet au jour sur l'Aventin, elles témoignent de l'obsession d'une forme cosmogonique et parfaite : un ventre maternel, un hémisphère astral, un tropisme fœtal, un désir de repli générateur de chaleur dans un univers gelant tout ce qu'il touche. Mémoire des temps généalogiques : la pierre prouve l'existence d'un temps avant le temps...

Pierres sauvages et sans loi, pierres civilisées et domestiquées, les minéraux de la terre de Baffin servent également aux sculpteurs, étrangement nombreux sur l'île. La pierre ouvragée permet la permanence d'un monde ancestral, mythique, d'une mythologie secrète, discrète, entr'aperçue, parfois vaguement montrée dans la production d'une forme étrange, en écho au panthéisme, au chamanisme et autres manifestations de la résistance inuit. Laissons de côté la majorité des pièces destinées au tourisme occidental, au spectacle marchand et aux opérations consuméristes : scènes de chasse ou de pêche sur la banquise, traîneaux et chiens sollicités par l'efficacité touristique, ours décoratifs et autres phoques, narvals ou baleines prédestinés aux tables des salons bourgeois. Et gardons, rares au milieu de l'abondance, les témoignages d'un monde mystérieux et sacré, au bord de l'épuisement.

Ours qui dansent en transe, individus surpris dans des métamorphoses animales, postures zoomorphes d'humains ou silhouettes anthropomorphes d'animaux, scènes mythologiques impossibles à décrypter si l'on ne dispose pas des codes qui permettent d'en appeler aux divinités marines, terrestres, glaciales, cosmiques. La pierre permet de transmettre un message inaudible, à la manière d'une bouteille à la mer. Elle gît, brute, débordant d'un panier métallique dans un grand magasin, au milieu des derniers gadgets occidentaux, parce que la sculpture relève moins, là-bas, d'un art réservé aux élites autoproclamées artistes que d'un artisanat permettant *à tous* de perpétuer le peu de vitalité qui subsiste dans cette civilisation moribonde.

Ainsi, l'Inuit de soixante-quatorze ans qui nous pilote en terre de Baffin, Pauloosie – surnommé par tous : Atata, Papa – est-il l'auteur d'une pièce présentée à Beaubourg lors de l'exposition *Les Magiciens de la terre*. Certes, Pauloosie a représenté la civilisation de cet immense territoire inuit dans l'un des lieux les plus prestigieux de l'art contemporain français et européen, mais pour quelles raisons, dès lors, se transformer en artiste puis exploiter le filon de l'artiste à la manière occidentale et en obtenir une manne commerciale ? Il y eut cette pièce, bien. Puis le reste : la chasse, la pêche, la famille, la tribu, le chamanisme – car Pauloosie, bien que discret sur le sujet, est vraisemblablement chaman –, le travail. Rien qui justifie le devenir artiste autonome...

Le sculpteur d'une défense de narval nous reçoit chez lui, un autre Inuit taille des figurines dans une dent de morse, un troisième apporte au refuge une scène mythologique extraite d'un bois de caribou, un dernier pose sur la table poissons plats, ours blancs, phoques, narval, cairn transformés en broches, dehors, un crâne de baleine posé à même le mur d'une maison attend son traitement esthétique, de même pour un bois de caribou négligemment abandonné sur le toit d'une bâtisse, une vertèbre de cétacé posée à même le sol : tout confirme la vitalité d'un artisanat, d'un désir d'imprimer à la pierre ou à l'os la volonté inuit et de la charger d'un certain nombre de messages naïfs pour les artistes plus simples, mais complexes et hautement signifiants, pour les sculpteurs les plus secrets... Temps éternel capté, figé, fixé, pétrifié : un écho lointain persiste, là, parmi une immensité de cadavres sculptés, silencieux, amorphes et insignifiants. L'oreille et l'ouïe, puis l'œil et le regard du chasseur captent encore un peu de ce temps géologique, primitif et élémentaire.

Chapitre deuxième

Le temps climatique : le froid

Au sens étymologique, la température polaire est inhumaine. Négative, elle descend à des chiffres inouïs. Pour sa part, Dante l'associe aux châtiments infernaux réservés aux traîtres en tout genre... Fait pour décourager l'humain, interdire l'homme et rendre impossible la vie normale, le froid arctique transforme le corps en plaie, en perpétuelle occasion de souffrance. Le gel attaque sans prévenir, il pince, mord, coupe, sectionne et détruit sans qu'on s'en aperçoive. Même après le changement de condition thermique, quand on se retrouve au chaud ou dans des températures plus clémentes qu'à l'extérieur, le retour du métabolisme à des équilibres élémentaires s'effectue dans la douleur...

L'été, les températures se situent en dessous de dix. La fréquence des brouillards, l'eau partout venue de la côte et vaporisée s'immiscent dans le moindre interstice. Au lever, dans les campements, les vêtements pèsent de l'humidité absorbée, ils sentent le croupissement qui absorbe les odeurs alentour. Froid dans les bottes, dans les gants malgré les doubles ou triples épaisseurs, froid aux pieds, froid aux mains, puis, en dépit des vêtements polaires et, là encore, des superpositions de couches, froid aux épaules, au torse, froid au ventre. Le corps devient un immense tremblement, il s'efface absolument ou plutôt il se présentifie exclusivement sur le mode douloureux. Il disparaît comme possibilité d'un objet dont on a la conscience claire et joyeuse, ludique et insouciante ; fin de la carcasse chaude, tiède, aux mouvements déliés et souples ; anéantissement de la chair heureuse ; vaporisation des humeurs complices...

Si d'habitude on ignore son corps pour en prendre seulement conscience quand il se rappelle à nous dans une souffrance ponctuelle, rare, inhabituelle, là, dans le Grand Nord, il est en danger, tout le temps. Grelottements, frissons, tremblements, engourdissements, les membres ankylosés se dessinent dans des contours flous mais pénibles : au bout des doigts le fourmillement naît puis parcourt bras, phalanges, paume, poignet, tout devient gourd, se paralyse, comme si le corps déclarait forfait puis se pétrifiait. Là encore la pierre semble fournir le modèle, le matériau vers lequel on se dirige.

Gelé, devenu glace soi-même, on expérimente les conditions d'hypothermie qui préfigurent la mort et la rigidité cadavérique. La chair participe de cette immense réfrigération morbide, et l'on se prend à accompagner mentalement le processus de son propre refroidissement après le dernier souffle : lentement, indiscernablement, la température décroît jusqu'à la raideur, la chaleur déserte le muscle, elle quitte le sang, elle fuit les nerfs, les tendons, l'électricité du corps s'amoindrit, la minéralité triomphe. L'os se destine à la poussière. Plus rien ne rappelle la pulsation chaude de l'hémoglobine active dans les tubes et tuyaux de l'animal-machine.

Le vent accélère le froid, il le ralentit aussi, il effectue des variations sur les degrés. Une température juste négative avec un souffle fort et permanent métamorphose chacun en glaçon sur le pont du bateau où nous croisons. L'eau glacée, métallique et mate, l'air coupant, mais humide, la vitesse du déplacement dans la mer, le gîte et le tangage augmentent la sensation de réfrigération. Les yeux coulent, emplis de larmes rapidement devenues des perles glacées descendant sur les joues transformées en peau tannée, roide et sèche.

Les Inuits décodent les signes de l'air avec leur visage. À l'œil ils jaugent, jugent et apprécient la luminosité d'un horizon, ligne blanche, scintillante, tracée avec une règle infaillible, le halo d'une lune, vibrant et parlant la langue de la nature primitive, la qualité de la clarté solaire ou les variations dans la quantité d'énergie éclairante. Avec la peau de leur face, ils enregistrent les moindres variations climatiques à même de renseigner le chasseur et le pêcheur sur les chances de croiser une baleine, rencontrer des phoques, surprendre un narval, apercevoir un ours, sinon débusquer un caribou, un renard blanc, des oiseaux. Trop humide, trop sec, trop venteux, trop dégagé : selon les informations obtenues par la peau tendue dans le vent, à la manière d'une voilure captant les vibrations de l'air et portant l'esquif à la surface des vagues, on envisage l'emploi du temps.

Je songe aux inquiéteurs de géographie, aux chercheurs de passage qui voulaient trouver celui du Nord-Est afin d'ouvrir une route vers la Chine et qui se sont embarqués sur l'*Erebus* et le *Terror* en 1846 : Sir John Franklin conduit les deux équipages, chaque navire transporte une immense bibliothèque, de la vaisselle en porcelaine, des couverts en argent. Puis le capitaine meurt, on ignore pourquoi et comment. Les deux bateaux englacés sont abandonnés. Les membres de l'équipage marchent comme des zombies, des Esquimaux les aperçoivent, à la manière d'une colonie fantomatique. On parle de cannibalisme pour survivre... Cinquante-deux expéditions partent à leur recherche : vainement. On a retrouvé les corps gelés il y a seulement une dizaine d'années...

Le froid saisit les corps et les momifie, il les couche dans une éternité singulière puisque l'incorruptibilité des chairs obtenue par le gel permet d'ouvrir aujourd'hui des cercueils dans lesquels on retrouve les dépouilles d'explorateurs pétrifiés : yeux mi-clos, pupilles et iris visibles, fixant le regardeur appuyés sur l'au-delà où ils subsistent minéralement, fouillant l'âme du vivant à partir de ce corps immortel, les lèvres ouvertes sur un rictus congelé qui éternise la mimique effrayante contemporaine de leur trépas, les mains le long du corps, les vêtements intacts, les volumes identiques à ceux de l'homme vif, les morts ne vivent pas le trépas sereinement, abîmés par le temps qui efface, mais tragiquement, conservés par le temps qui cristallise.

Le froid expérimenté par tout un chacun, aujourd'hui, dans le Grand Nord, participe de manière platonicienne de ces cadavres gelés. Partiellement et de façon lointaine, mais sûre, la souffrance ressentie dans sa chair approche de l'expérience des momies congelées, elle s'inspire de cette pétrification et prend des leçons. Sentir la mort s'insinuer ainsi, de manière irréfragable, nous approche des vents de torpeur échappés des cimetières, met en contact avec la réfrigération des morgues, enveloppe de son souffle délétère l'âme tiède à même alors d'imaginer à quoi ressemble la froideur des tombes ou des sépultures cachées au regard des hommes. L'expérience du froid met en contact avec l'éternité des temps voués à Thanatos.

En terre de Baffin, le froid varie dans l'absolu : il paraît moindre aujourd'hui qu'hier. Pas même avant-hier, puisque Pauloosie, avec son seul passé de septuagénaire, peut déjà raconter le recul de la banquise et la remontée vers le nord des animaux associés. Il constate, comme en regard de la disparition d'un monde avec lequel il partira lui aussi, l'indéniable réchauffement de la planète, l'évidente disparition de neiges jadis éternelles, la fonte certaine des glaciers, la raréfaction sûre des hummocks, la nette fin des plaques de glace dérivant pendant l'été, l'incertitude des gels nouvellement arrivés, les icebergs aux volumes moindres. Fin des temps climatiques qui laissaient l'été sévèrement accroché à l'hiver, avènement d'une saison moyenne et uniforme, indifférente aux variations...

Nombre d'années en amont, le vieil Inuit a connu les imperceptibles signes qui permettaient de savoir où en était la formation des plaques de glace. Sûr de la résistance de la banquise, il donnait les autorisations de lancer traîneaux et chiens. Aujourd'hui, il avoue n'en plus rien savoir : des zones naguère sûres, aux durcissements rapides dès les premiers jours de l'hiver, sont devenues incertaines. Des *skidoos*, déjà, ont plongé sous la glace en des périodes normalement assez froides pour permettre jadis les déplacements communautaires. En désignant au loin un endroit dans la mer lisse et métallique, l'œil impassible, le geste lourd, fatigué, il confirme la dangerosité du lieu en hiver et semble renoncer désormais à vouloir lire dans la glace comme jadis en un livre ouvert.

Quand naguère le bateau évoluait entre les plaques de glace, encore visibles en avion sur des zones épargnées, il se contente désormais de croiser sur une eau lisse, ou sur une mer agitée, mais rarement troublée par les accidents gelés. Rares blocs de glace errants, visibles icebergs faciles à éviter – l'eau se contente de jeux chromatiques entre verts et bleus, turquoise et outremer, gris et encre, violets et orange aussi quand le soleil caresse, lisse, effleure et touche. L'âme aux côtés des anciens phoques et des ours antiques, des baleines ancestrales et des oiseaux préhistoriques, Atata tient la barre, fixe l'horizon, tait son vraisemblable désappointement, cache sûrement sa mélancolie, puis se souvient des igloos et des famines, des tempêtes et des neiges estivales.

Deux semaines avant notre arrivée, des températures supérieures à vingt degrés, jamais vues dans cette contrée, avaient tout fondu. Plus de glace, plus de neige, plus de hummocks, des icebergs épuisés, liquéfiés, des eaux montantes, des atmosphères humides, des terres, de la toundra et des pierres en quantité. Puis fleurs en nombre – pavots jaunes et lichens bleus, saxifrages maigrelettes et linégrettes éthérées –, plantes aux senteurs citronnées, champignons bruns, marron et noirs, mousses élastiques dans lesquelles s'enfoncent profondément les pas, herbes dont les décoctions permettent des trajets hallucinogènes chamaniques mais que taisent les anciens pour ne pas tenter le nihilisme des jeunes générations...

Froid métaphysique et mystique, puis réchauffement tragique et dramatique coexistent pour l'éternité dans l'affirmation du temps cyclique et binaire contre lequel, fort heureusement, aucun artifice ne peut agir. Cette double vérité excite avec bonheur un Marcel Mauss bien inspiré de penser la formation du droit esquimau en relation avec la variation bipolaire des saisons. Un homme d'été, égoïste et individualiste, puis un homme d'hiver, communautaire et partageur. Certes, mais aussi un homme de lumière familier de températures relativement clémentes et un autre, le même, soumis aux rigueurs de la nuit perpétuelle, donc du froid. L'alternance du jour sans nuit, puis de la nuit sans jour, crée un climat, fabrique du froid absolu, puis un froid relatif, deux réalités adossées qui nourrissent puissamment la vision inuit du monde.

Nuit polaire ou jour polaire ? Absence totale de nuit, puis de jour. Infléchissements sans beaucoup de nuances d'une entité vers l'autre : sans conteste le jeu est binaire. Blanc et noir, soleil et lune, vie et mort, masculin et féminin, bien et mal, clartés et ténèbres. Le climat, en terre de Baffin, réduit le réel à ces deux instances : la nuit qui n'arrive pas, les enfants qui jouent à une heure du matin au football, en tee-shirt, bras nus, qui crient et vivent comme en une pleine après-midi d'été européen ; plus tard, la nuit qui n'en finit pas, le jour attendu et inexistant, puis rare, puis petit à petit, l'obscurité triomphant absolument.

Alternance, donc, de deux saisons : celle du jour, celle de la nuit. Celle du froid relatif, celle du froid absolu. Mais froid toujours. Pas de déclinaisons des saisons en quatre quartiers, en fragments plus nombreux et distincts, plus subtils et complexes ; pas d'arbres sur lesquels lire l'été brûlé, l'automne mordoré, l'hiver sec et le printemps vert – en terre de Baffin, on a laissé depuis longtemps derrière soi, au sud, la limite boréale des zones où poussent les arbres. Un petit saule, quelques centimètres, des racines courantes presque à même le sol, pas d'enracinement possible dans le pergisol – rien d'autre pour tenir lieu et place d'arbre...

Le cycle impose sa loi, l'éternel retour des choses oblige à une lecture du temps qui déclasse la ligne chrétienne et sa flèche linéaire : un passé avant, un présent pendant et un futur à venir. Le temps cyclique, primitif, correspond aux informations données par la nature : l'alternance du jour et de la nuit, celle des saisons, celle des longs cycles aussi. Rotation de la planète autour du soleil, puis inclinaison du globe, enfin position quant au pôle géographique : la combinaison de ces trois informations fabrique de la lumière et de la nuit en quantités constantes et régulièrement visibles.

Derrière le réglage sans faille de cette horloge cosmique, l'âme simple peut légitimement voir l'ombre d'un démiurge, la présence indiscutable d'une puissance, la force impérieuse d'une volonté. Dans la nuit polaire se trament les cosmogonies à l'aide desquelles les hommes construisent du sens et de l'ordre dans leurs rapports à eux, aux autres et au monde. Le climat génère un ordre solaire et nocturne, il construit une logique et instaure une esthétique. Le corps inuit plongé dans le froid des nuits polaires expérimente la violence d'un temps primitif réduit au plus sommaire. Les informations hyperboréennes se comptent à quelques unités, la rareté métaphysique fait la loi, la poignée de certitudes laisse l'homme démuni devant la vastitude des éléments et la grandeur du milieu dans lequel il organise sa survie. Les philosophies surgissent alors...

Habituellement, en Occident, le froid et la nuit ne passent pas pour des vertus : la souffrance et la mort, la peine, la douleur et la torture s'y trouvent la plupart du temps associées. Les nazis et les staliniens, après les intuitions de Dante, confirment cette idée en utilisant concrètement le froid dans leurs entreprises de négation de l'humanité des hommes intègres. Nuit des mourants et des morts, froid des cadavres et des morgues, corps gelés dans les camps polonais ou dans les goulags sibériens, la géologie et la climatologie polaire conduisent au bord des abîmes, non loin des enfers où s'expient des peines innommables. Quand le froid révèle un corps, il fabrique une douleur. Ou une race.

Voilà pour quelles raisons le froid peut aussi produire un corps, le mettre à dimension, l'exiger, le construire. Kant, qui s'est essayé à disserter sur la diversité des races humaines, met en perspective la physiologie de l'Esquimau et le climat polaire. La petite taille, précise le philosophe de Königsberg – où il ne fait pas chaud non plus... –, s'explique par le fait que les membres sont proches du cœur afin d'éviter la déperdition induite par la circulation sanguine dans un organisme trop vaste ; les parties saillantes du visage disparaissent au profit d'une face plate dans le dessein de ne pas permettre au froid de s'accrocher aux pommettes, au front, au menton ; les yeux mi-clos évitent les affres du froid douloureux et les luminosités agressives de la neige réfléchissant le soleil ; pas de barbe, pas de glaçons accrochés aux poils ; nez plat, bouche mince, peau teintée en brun rougeâtre : il s'agit de rendre impossibles les effets dessiccants et brûlants du froid.

Le corps inuit, en effet, résiste autrement que celui des Blancs au froid simple, puis aux froids extrêmes. Le métabolisme a logé dans la chair esquimaude une autre horloge interne en vertu de quoi la mesure, la sensation, l'intuition et la perception du temps obéissent à d'autres lois, indigènes et propres, inaccessibles à la raison européenne – sinon sur le mode du constat de la différence. D'où les corps à peine vêtus des enfants inuits jouant sous le froid relatif de la nuit polaire en août alors que les Blancs circulent avec plusieurs épaisseurs sous la clarté pâle et laiteuse des nuitées éveillées. Venus de Sibérie, traversant les contrées glaciales du détroit de Behring alors gelé en permanence, ces peuples portent le froid dans leur sang et dans leur âme, dans leur chair et leur vision du monde. Ensuite, ils le transforment en une incroyable énergie blanche.

Comme les animaux qui nagent en eaux glacées ou survivent sur la banquise, les Inuits anciens prenaient leurs leçons sur la nature : peaux de phoques, poils d'ours, pelisses de caribous, pièces cousues avec des nerfs de mammifères, manteaux fabriqués avec des peaux d'oiseaux, plumes retournées et transformées en vêtements, fourrures empruntées aux pelages des renards, le froid oblige au mimétisme avec les animaux qui résistent confrontés aux conditions les plus excessives. Endosser l'habit bestial rapproche les hommes et les bêtes, d'où un tropisme chamanique : dans ce monde hostile, les poissons, le mammifère, l'oiseau et l'homme ne se distinguent pas, mais se répondent, se complètent, se mélangent – se parlent. Ils offrent des variations sur le même thème, plus proches et semblables, plus apparentés que dissemblables, différents et distincts.

Le froid fabrique la vision du monde et la religion. Les conditions géologiques, géomorphologiques et géographiques induisent métaphysiques, cosmologies, cosmogonies, philosophies et mystiques. La peau de bête revêtue met en contact avec le monde réel des autres vivants qui peuplent la banquise. Elle fonde une plus grande proximité entre les Inuits et la faune polaire qu'entre eux et les Européens dénaturalisés, décérébrés et sans repères – ceux qui, désormais, servent de modèles désespérants aux amateurs de vêtements acryliques, synthétiques, et autres fibres pétrochimiques. À se préserver ainsi du froid, les Inuits modernes rompent symboliquement les amarres qui les tenaient attachés à la banquise et à son imaginaire.

Reste la vision étrange et saisissante de Pauloosie que je surprends dans les rues terreuses et sèches de Quikitarjack – un village de cinq cents habitants, notre première base – à marcher avec un singulier dandinement, les jambes légèrement arquées, l'allure sereine et lourde, mais féline en même temps, la tête enfoncée dans les épaules, la silhouette nettement dessinée dans l'air lumineux d'un début d'après-midi d'été austral. Certes le pliage des membres de l'enfant dans les igloos, l'habitude qui rompt aux froids extrêmes dans les vêtements animaux lors des chasses et des pêches polaires, les mille gestes répétés de la courbure lors de l'entrée et la sortie du campement, tout a contribué à fabriquer cette démarche.

Mais je me suis trouvé sidéré lorsque j'ai aperçu un magnifique ours blanc sortir de la mer où nous l'avions trouvé en train de nager, se retourner, regarder dans notre direction, nous fixer, la tête mobile, intelligente, l'œil exagérément humain. Quand le monstre blanc a grimpé sur les rochers, s'est ébroué, puis qu'il a entrepris de gravir la montagne très à pic, presque debout, j'ai reconnu dans la démarche de l'animal puissant celle de Pauloosie accablé par la disparition annoncée et presque réalisée du temps où les hommes savaient parler aux animaux. Frisson, cette fois-ci, d'apercevoir une évidence cardinale...

Chapitre troisième

Le temps étendu : l'espace

Dans le Grand Nord, l'espace absorbe le temps et le matérialise en étendues sublimes. La vastitude transfigure l'être humain en fragment, en tout petit morceau installé dans un temps limité, mais évoluant dans l'éternité d'une perspective à perte de vue. Le romantisme menace dès l'installation solitaire face à l'immensité démesurée des montagnes, des falaises, des torrents, des cours d'eau, des icebergs, des fjords, des glaciers, des neiges éternelles. La matière étirée, compactée, contrainte puis lissée et développée d'une manière musicale, à la façon des variations sur un même thème – toujours celui de la rareté –, voilà le mode d'apparition immédiatement visible du temps polaire.

À la manière d'un héros sans visage de Caspar David Friedrich – d'ailleurs peintre de glaces polaires et de craquements de banquise, voir ou revoir *La Mer de glace* (*Naufrage du Hope*) peint entre 1823 et 1825 –, on se sent transfiguré en machine à percevoir des émotions fortes devant des paysages : immobile dans le courant du temps, tétanisé par la beauté partout présente, réduit à cette pointe acérée de conscience par laquelle advient le réel sublime, l'être s'expérimente sur le mode de la perception pure : l'œil ouvert sur la dynamique des changements de couleurs, l'oreille aux aguets, traquant le bruit mat d'une aile d'oiseau prenant son envol puis quittant la mer grâce à l'opportunité d'une vague, les narines dilatées pour tenter vainement de saisir les odeurs du Pôle – elles semblent quasi inexistantes à cause des températures –, la peau du visage offerte au vent, aux embruns, l'être tout entier dilué dans le spectacle, l'attention subsistant pour conserver en soi la part active de la conscience prête à sombrer dans la majesté des choses vues. Satori hyperboréen...

L'absence d'hommes et d'habitations transfigure le paysage en mystère : géographies martiennes, extra-terrestres au sens étymologique, géologies lunaires, étendues comparables à celles des terres jamais foulées par un individu. Pas de culture, la nature à l'état pur. Sensation d'un lendemain de création du monde, impression pour le regardeur d'être contemporain d'un avènement de planète, d'une création immanente de continents, de volumes, de découpes, de relations – l'eau et la terre, la montagne et la mer, la côte et le rivage, les hauteurs et le niveau zéro, les profondeurs et les altitudes, les sommets et les abysses.

Dans ce monde sans cris humains, sans présences civilisées, sans signes de culture, les animaux contribuent eux aussi à fixer le paysage dans sa matérialité généalogique. Les oiseaux tracent dans le ciel des lignes probablement lisibles par les chamans, les prêtres de ces religions panthéistes : bruits froissés d'ailes lissées par le vent, souffle mat et bref de la plume caressée par le déplacement du corps d'un plongeant, d'un lagopède ou d'un fulmar boréal, battements larges et vastes, puissants et efficaces des voilures arquées d'oies blanches, traçages veloutés et pastel de mouettes ou de goélands, tous écrivent dans la lumière laiteuse une histoire limpide pour les poètes et les fous, les artistes et les mystiques. Satori là encore...

Les hummocks dérivants – morceaux de glace détachés de la banquise –, les icebergs taillés par le vent et l'eau, sculptés par le froid, vernissés par la lumière et l'humidité, creusés, émondés, effilés, dessinés, créés par l'air et engendrés par l'éther, accrochent des couleurs impressionnantes : céruse, lait, crème ou bleu turquoise, voire outremer et vert, parfois violet aux limites de la ligne de flottaison, sur les franges léchées par la mer aux reflets d'acier. Les masses glacées évoluent au gré de la lumière et épousent toutes ces variations chromatiques. Les couleurs de l'arc-en-ciel s'y essaient avec bonheur – orange et jaunes, le soir, quand le soleil fond le jour, appelle la nuit et se nourrit des énergies chaudes du jaune feu dégradé par la journée bientôt terminée. Le blanc couvre tout l'hiver et sature le réel d'un éblouissement sans concession. Lumière alors venue de l'antre des dieux invisibles...

Parfois au passage du bateau un iceberg craque. Un pan s'effondre, brisé, fragmenté, dans un fracas amorti par l'eau. Un mur de gel longuement travaillé dans le silence, ou dans des craquements imperceptibles à l'oreille humaine, s'affaisse, s'écroule sur lui-même, pulvérisé, puis englouti par la mer. Au pied du monstre blanc, une onde se crée et grossit en direction du bateau. Cri d'admiration, crainte et tremblement théâtralisés, souffle coupé, respiration retenue devant le spectacle grandiose de ce tombé de glace en quantité suivi d'un vacarme d'éclaboussures.

De pareilles odyssées dans le ventre d'icebergs plus monstrueux fabriquèrent certainement la vague qui submergea il y a des années l'igloo du frère de Pauloosie. Là-bas, lointaine, une glace craque, se casse, explose dans l'eau glacée, puis la vague induite produit ici un genre de raz-de-marée qui emporte avec lui le campement d'Inuits noyé au creux même du ventre déjà froid de la bâtisse préhistorique. La vastitude du paysage amène celle des catastrophes qui l'accompagnent : montagnes de glace brisées, falaises glissées dans l'onde, éboulis grossissant la mer, failles ou mouvements de la plaque terrestre, craquements des glaces épaisses de la banquise : poussées magnifiques, énergies monstrueuses, forces grandioses, le spectacle de la nature immense et vierge confine au sublime.

Le vaste coïncide avec la démesure, l'immense. Il effraie, soumet l'homme aux angoisses de sa condition de particule impuissante, d'infiniment petit. Devant l'explosion glacée d'un iceberg, face à l'arrivée d'une vague haute de plusieurs mètres, blanche et bleue, mais menaçante comme un typhon, le moindre individu s'expérimente comme un fétu de paille, il apprécie son corps à la manière d'une petite chose, fragile, passante, voire ridicule, appelée à disparaître quand tout ce qui l'entoure persiste dans des durées indéfinies. Éternité des éléments et vacuité de la personne, temps lents et longs des pierres, de l'eau et de l'air contre temps rapides et brefs des hommes et de leurs préoccupations farcesques...

L'être se réduit à l'image qui le fascine. Les extases minuscules surgissent avec la permanence du ton gris acier de la mer mauvaise, le surgissement vert d'un bloc de glace au détour d'un fjord, la tombée rapide d'un brouillard qui nappe si bas qu'on semble pouvoir toucher sa matière en levant seulement le bras, la puissance d'un torrent qui arrache et roule des pierres au passage, la lumière subsistant pendant la nuit polaire. Le temps dure avec l'eau lissée puis fendue par l'étrave du bateau, puis s'arrête avec l'apparition de l'iceberg comme au premier matin du monde, il semble mécanique et parent de la machinerie d'un opéra avec la brume descendue des montagnes à vive allure, il paraît chaotique et aléatoire en présence des eaux coulées du glacier, l'échange de paroles devenu impossible en sa présence tant le fracas couvre tout, il suspend la raison et magnifie les images.

En pareils moments, le corps devient ; il cesse d'être confiné dans une identité immobile : il devient pierre, eau, il devient animal ou lumière, il devient espace et s'étend aux limites du spectacle de la nature. La conscience se dilue dans le grand tout, le processus d'identification au monde s'accélère. Le panthéisme s'éprouve alors sûrement à la façon dont les premiers hommes l'ont expérimenté : des peurs, des craintes, des angoisses, des sentiments mélangés, troubles devant l'immensité qui nous contient, déborde et dépasse. L'origine de la religion se trouve probablement dans le sentiment existentiel et viscéral expérimenté dans le milieu et face à la nature sans limites. L'agenouillement devant une vaste étendue de mer, face à l'écrasement d'une montagne, en présence d'un torrent a sûrement créé jadis des dieux et des liens avec la magie du monde.

La partie de soi qui reçoit peut alors se scinder et séparer de celle qui ressent : le corps et l'âme se déchirent. La chair se met à disposition, elle accueille, prend et emmagasine ; puis une part de soi sait, voit, découpe le contour net de l'expérience faite. La présence immobile et parfois interdite d'un être devant le spectacle de la nature va de pair avec la célérité de la conscience, sa vitesse, son aptitude à créer du sens, ou des émotions, des sensations, des perceptions magnifiques. Écartelé entre soi et soi, brisé, troué par cette opération mystique, l'individu primitif – ou recouvrant le sens des esthétiques premières – expérimente l'abîme dans lequel se nourrissent les divinités de toute sorte. Animiste, panthéiste et polythéiste, le premier homme a vraisemblablement fait coïncider le sentiment du vaste et du sublime avec la présence d'une transcendance devenue le matériau avec lequel il a fabriqué son panthéon.

La rencontre de l'ours blanc procède d'un trouble semblable à celui qui saisit l'homme devant le paysage. L'attente sur le bateau, la perte du temps jouée comme une stratégie, débouche sur cette vision fantastique qui saisit toujours l'Inuit apparemment le plus rompu à ce spectacle particulier. À constater leur état d'excitation, à ressentir près d'eux l'électricité qui vibre sur le pont lorsque apparaît le *nanuq* tant convoité, à les voir respectueux, les yeux écarquillés, sinon, pour Pauloosie rempli d'un silence grave et d'une majesté contenue, il semble que le moment procède de la magie la plus dense, du sublime le plus achevé.

L'animal n'apparaît pas dans le paysage, il est le paysage lui-même. Il s'y confond, le fabrique, le constitue. Au même titre que les pierres et la neige, la glace, le vent ou le froid, l'ours blanc définit le pôle Nord. On l'attend et le souhaite tout en le craignant. Des histoires courent sur son compte et lui valent la réputation mythique d'être un tueur habile tout autant qu'une beauté sans double, une force de la nature dangereuse pour l'homme et un spectacle dont on ne revient pas indemne. De sorte qu'on le sollicite au loin dans le moindre point clair, on croit le voir dans la courbe d'un rocher, on imagine sa démarche à flanc de montagne. Puis rien, illusion d'optique, trouble, désir pris pour la réalité...

Avant l'apparition véritable, quand on ne s'y attend pas. Et là, le spectacle rend immédiatement chacun panthéiste à la manière où le chamanisme l'entend : cet animal porte des forces plus grandes que lui, il incarne des puissances telluriques supérieures à son destin personnel. Avec son volume massif et sa démarche féline, il transfigure les lieux en théâtre primitif, il symbolise la magnificence de la nature du Grand Nord et l'éternel lyrisme d'un paysage vaste et sublime – comme toujours quand les hommes font défaut et que le monde semble créé pour la poignée de ceux qui assistent à sa beauté singulière dans le moment où elle consent à se montrer. L'ours conduit les âmes de ceux dont il croise le regard à l'épicentre des mystères polaires.

Dans l'eau où je vis pour la première fois l'animal, il nage avec puissance et efficacité. Deux ou trois jours durant, il peut ne pas cesser de quitter la mer et parcourir une cinquantaine de kilomètres. L'eau bleue danse autour de lui, il sait la présence humaine et ne manque pas de regarder de manière inquiète et menaçante à la fois, douce et redoutable. Animal oxymorique, il incarne simultanément des énergies opposées : on voudrait le toucher, le caresser, mettre sa main dans son épais pelage et il pourrait nous arracher la tête d'un seul coup de patte, il paraît doux et ludique, il est dangereux et colérique, il semble un idéal compagnon des hommes, il en a tué un certain nombre sans manières...

Son souffle, la tête hors de l'eau, s'apparente à celui d'un taureau dans les arènes espagnoles, quand la cape et l'habit de lumière traquent l'animal et appellent le sang. À même la surface de la mer, les vagues parfois submergeant ses naseaux, il pulse l'air – toujours taureau, ou cheval. Regard dirigé vers celui des hommes, nettement, comme s'il allait leur dire une vérité en provenance des abîmes creusés dans les temps ancestraux, il ne quitte pas l'œil des humains médusés. Puis grogne, ou rugit à la manière d'un lion. Tours et détours dans la houle avec le bateau pour tâcher de le voir plus longtemps sans l'importuner, voire en le respectant. Impressions d'un spectacle primitif...

Lorsqu'il atteint la côte et grimpe sur les rochers, l'ours blanc s'ébroue, regarde derrière lui, toujours dans la direction des hommes qu'il toise et menace, considère et tient à distance. On sent le prédateur prêt à tuer pour préserver son indépendance et sauver sa peau menacée par les hommes depuis toujours. Il escalade quelques roches avec la grâce et l'élégance d'un fauve. Sans coup férir, sa patte immense se pose sur le roc sans se tromper. À même l'à-pic de la paroi, il se dresse et donne, là, dans une étrange et inquiétante image, l'impression d'être un homme vêtu d'une peau d'animal. Que le chamanisme fasse danser l'ours comme un homme ou transfigure l'un dans la peau et l'identité de l'autre ne m'étonne pas...

Il escalade la montagne, prend du large, disparaît de la vue des hommes, réapparaît plus loin, le pas assuré et rapide, la démarche puissante et déterminée. Il semble courir allégé, aérien, porté par le mystère polaire qu'il incarne à merveille. Parvenu à un monticule d'où il considère le paysage – que voit-il ? que ressent-il alors ? –, il appuie du regard le paquet d'humains sidérés en contrebas, oscillant dans l'embarcation, tourne la tête, ouvre la gueule – un bâillement ? un cri mal porté par le vent ? – et se couche de tout son long derrière un rocher. Le bateau prend du large, les esprits persistent en sa compagnie, le paysage devenu vivant avec l'apparition de l'ours a sans conteste proposé une autre variation sur le thème du sublime et du paysage. Toute mémoire élue s'en souvient probablement jusqu'à la tombe.

Les autres animaux participent également de la magie du Grand Nord. Bien évidemment, mais moins dans le registre de l'exception, de la magie ou du mystère. Les baleines, par exemple, mystérieuses et discrètes, aux mœurs invisibles et aux trajets considérables – du pôle Nord aux côtes de la Patagonie en passant par l'embouchure du Saint-Laurent en Gaspésie –, formulent également la spécificité hyperboréenne du paysage. Dans l'eau noire et agitée, les vagues travaillant sans cesse la surface de la mer, le jet d'air apparaît comme le signal du départ : la tête, l'échine, la queue ? Que verra-t-on du cétacé en dehors de son souffle caractéristique ? Rien d'autre ou le corps tout entier ondulant à proximité dangereuse du bateau ?

Nous ne verrons que les jets, certains lointains, d'autres plus proches ; nous saurons l'une d'entre elles réfugiée dans la baie d'un fjord à proximité des eaux où nous croisons ; nous apprendrons le passage d'une baleine à bosse dans l'anse de la mer là où nous avions notre base dans le village de Qikiqtarjuaq ; nous découvrirons ici un crâne en train de sécher, au pied d'une maison, à la lumière et à l'air de l'été polaire, là une immense vertèbre abandonnée dans une île d'anciens baleiniers ; des cuves rouillées où se fondaient leurs graisses à la grande époque des chasses épiques ; des tombes, aussi, celles de jeunes garçons noyés pendant ces pêches gargantuesques.

Les baleines tracent dans des espaces immenses. Leurs volumes, leurs formats, leur nature – les plus grands mammifères sur la planète – permettent d'apparenter leur rencontre avec le sublime et le sentiment du vaste, ce sentiment cher au Grand Siècle de Saint-Évremond. Une fois encore le spectacle renvoie le spectateur au rang de ciron, d'animal invisible, de puce métaphysique. Devant l'immense, le considérable, le gigantesque – un paysage polaire aussi bien qu'un passage de baleine – l'individu se volatilise, écrasé par la puissance, réduit par l'image. Les éléments s'emparent de sa subjectivité subjuguée. Ils l'intègrent au monde et en finissent avec son statut d'objet séparé. Cessant de se vivre de manière moderne, comme un fragment détaché de la nature, le sage qui sait voyager dans l'espace hyperboréen avec le cerveau au plus proche de l'homme des premiers jours peut expérimenter sa singularité dans la réconciliation avec la nature. Sérénité, paix intérieure, liturgie du vaste, retrouvailles avec soi-même, fin de l'individu mutilé...

Dans les espaces au-delà du cercle polaire, le blanc et le silence, le minéral et le froid fabriquent une esthétique de la rareté, un temps dépouillé, sec et translucide. Sinon diamantaire. Pointes de durées, jeux avec les instants, magie des combinatoires austères. Une mélodie spécifique s'échappe du Pôle – du moins je veux l'imaginer, le croire –, elle avalise et réactive le souci pythagoricien de la musique des sphères puis renseigne sur ce que pourrait être une pièce construite et composée sur les principes hyperboréens. Le vaste, le sublime, l'excès ; la géologie sèche et le climat glacé ; les éléments rares et le temps constructeur d'espaces inouïs. Temps élémentaire, temps des éléments...

Certes, Glenn Gould a manifesté sa passion pour l'hiver polaire et son désir de jouer dans la nuit perpétuelle de la glace arctique. Venu avec un brise-glace – il détestait et craignait les avions –, accompagné de son piano enveloppé, protégé, préservé comme un grand seigneur sonore, l'artiste aurait pu réaliser son projet et donner un prélude, une suite, une fugue de Bach – voire le sublime andante de son concerto italien – en communion intégrale avec la spécificité métaphysique du lieu. Le son pur, froid, net, nu de Gould convenait, bien évidemment. Et s'il ne s'agissait pas d'un interprète, mais d'un compositeur ?

Sans conteste – du moins à mes yeux... –, le pôle Nord se manifesterait sous la forme d'une pièce de Webern. Anton Webern, magicien du ciselage, de la rareté, du minimal concentré, du maximum exprimé par le minimum. Webern l'abstracteur de quintessence, l'alchimiste des doses explosives jouant du silence avec la même dextérité que s'il s'agissait d'une matière, le sculpteur de vide ou de manques, le magicien du blanc et de l'absence, de la trouée de lumière douloureuse au milieu des obscurités sonores – le Webern des *Six Pièces pour grand orchestre*, la quatrième, Langsam. Le vide au centre du monde, le creux plus important que le plein, le rare plus riche que l'abondant, la suspension du temps comme l'une des modalités paradoxales du temps, voilà quelques occasions de transfigurer en monde sonore une géographie silencieuse et mystique, de proposer une synesthésie à même de faire entendre les sonorités rares du Grand Nord austère et généalogique.

DEUXIÈME PARTIE

Le temps vécu : l'immobilité

Chapitre premier

Le temps vital : la survie

S'il existe vraiment un épicurien au sens strict du terme, c'est bien l'Inuit ancien qui, par obligation, réduisait son plaisir à la seule satisfaction des désirs naturels et nécessaires : boire, manger et dormir quand besoin s'en faisait sentir, en dehors de toute considération d'emploi du temps ou de chronologie sociale. Le temps vital appelle sa résolution dans l'instant, si possible. Point ne paraît nécessaire de courir après la réalisation de besoins non naturels ou non nécessaires : les honneurs, l'argent, les richesses, le pouvoir – pour quoi faire ? La gastronomie ou l'art de préparer finement des petits plats mijotés ? pour quelles raisons ? Les arts de la boisson fermentée ou du lit ? sans intérêt...

Bien évidemment l'Inuit contemporain a jeté pardessus bord cet épicurisme de l'austérité non choisie vécue comme une punition. Désormais, il désire à la mode occidentale tout ce qui relève du non-naturel et du non-nécessaire. La prohibition de l'alcool sur l'ensemble de la terre de Baffin – après une époque d'usage plus qu'immodéré qui laissait craindre une véritable disparition de la civilisation dans l'éthylisme chronique –, la circulation d'un haschisch coûteux, la construction à Qikiqtarjuaq de deux magasins remplis de babioles inutiles et de biens de consommation soutenus à renfort de publicités télévisuelles canadiennes, tout témoigne d'un infléchissement inuit du côté de l'hédonisme consumériste américain... Bien loin des options ancestrales.

Pour autant, l'acculturation américaine n'a pas totalement fait disparaître le tropisme frugal des Esquimaux d'aujourd'hui. Les anciens plus nettement que les jeunes générations, bien évidemment, communient dans cette austérité ancestrale et savent se retrouver dans cette rareté vécue comme une fidélité. Rousseau trouverait son compte à ces sociétés sans agriculture, sans élevage, qui ignorent l'enclos dans lequel on parque des animaux destinés à la nourriture : pas de pisciculture, pas de terrains engrillagés avec troupeaux de rennes ou lièvres blancs d'élevage, rien qui montre un degré de complexité supérieur à celui du paléolithique.

En revanche, la chasse, la cueillette et la pêche perdurent, à peine ajustées ici ou là aux concessions de la modernité : pour la chasse, par exemple, on cherchera en vain des Inuits maniant le harpon, ingénieux assemblage à pénétration basculante d'ivoire, de bois et de nerfs ou peaux de phoques que remplacent avantageusement la carabine et ses munitions. Le même fusil sert aux moindres déplacements sur la terre de Baffin où l'ours menace toujours d'apparaître de manière impromptue. Winchester à lunette et gros calibre supplantent désormais le vieil attirail local : arcs et carquois de flèches, lances à propulseurs, pièges à pierres ou collets.

La pêche, en revanche, paraît miraculeuse tant l'abondance et la profusion étonnent. Les filets sont jetés dans l'eau glacée, au pied de la montagne, au bord du campement, puis relevés quelques heures plus tard. Une douzaine d'ombles chevaliers d'un mètre de long sortent de l'eau, frais, luisants, accrochant la lumière du jour tombant et du soleil rasant. Quelques-uns, encore vivants, se font arracher la gueule sans ménagement parce qu'il paraît impossible de les extraire des maillages emmêlés. Parfois, l'un d'entre eux se fait violemment assommer sur les cailloux du rivage. Bouche béante captant de plus en plus difficilement l'oxygène, soubresauts de moins en moins vifs, glissements progressifs de l'animal le long de la berge vers un trépas certain, le poisson semble perçu comme une nourriture qui n'oblige à aucun ménagement, aucune considération humaine, aucun souci compassionnel.

De petits monstres aux ailes de chauve-souris, à la tête carrée, aux nageoires piquantes et urticantes, se trouvent parfois pris aussi dans les filets. La peau tachée, tavelée, verte, brune, marron, la gueule prognathe et menaçante, tout paraît rédhibitoire dans ce poisson que les Inuits ne consomment pas. Un genre de lotte pour la laideur. Les enfants jouent avec, les manient avec précaution pour ne pas se faire piquer, puis les laissent crever d'épuisement à même le sol, quand le jeu ne les amuse plus. À moins qu'ils ne leur écrasent la tête dans un bruit craquant sur le bord d'un galet où le sang apparaît. Au loin, la douzaine de saumons arctiques vidés a rougi l'eau sur plusieurs mètres carrés pendant que les viscères flottent à la surface.

Sinon, le ramassage des plantes – l'une d'entre elles sert à confectionner une boisson locale apparentée au thé –, la cueillette des champignons, celle des grosses myrtilles noires fournissent les moyens d'une nourriture de subsistance associée aux viandes de phoque, d'omble chevalier, de caribou, de beluga, d'ours, de bœuf musqué, de narval, de morse ou de baleine franche – fumées, séchées, boucanées, pourries, bouillies, grillées... L'état de nature prétendument hypothétique chez le Citoyen de Genève trouve ici son illustration la plus parfaite : la nature, et elle seule, fournit la base de l'alimentation quotidienne. Pas d'agriculture ou d'élevage pour pallier les difficultés d'une chasse ou d'une pêche improbables – mais les subventions fédérales et le supermarché pour conjurer désormais les ancestrales famines sur la banquise.

D'antiques narrations inuits et des témoignages d'anciens rapportent des cas de cannibalisme dans les périodes les plus sombres où le gel, la rareté et le sort se conjuguaient pour rendre impossible l'approvisionnement. Au début du XXe siècle, l'anthropophagie concerne encore quelques cas isolés, certes, mais avérés : après avoir sucé, mangé les lanières en peau de phoque, les cuirs des vêtements, les chiens de l'attelage, il restait parfois la possibilité d'aller prélever sur le cadavre d'un malchanceux abandonné à la neige et à la glace le morceau de protéine nécessaire à la survie avant le retour d'un temps plus clément et d'un gibier salvateur.

Dans les rues du village ou dans les campements nomades sèchent au vent des filets d'omble chevalier aux carnations orange, fendus, coupés, taillés pour permettre au vent et à l'air de travailler la viande au mieux ou encore des côtes de phoques recouvertes par une viande noire, chevauchant une barre de bois qui les soutient devant les maisons surchauffées. Le gel revenu, les pièces à l'air libre deviendront des morceaux à même de constituer un modeste stock en attente des retours aléatoires de pêche au trou sur la banquise où le chasseur-pêcheur guette le phoque et lui ajuste un fort calibre entre les deux yeux dès qu'il remonte à la surface pour respirer son dernier bol d'air...

Tout s'écrit sous le signe de la rareté : le manque menace, la pénurie fonctionne comme un risque réel, aussi l'ensemble des forces contribue à assurer la survie de chacun et de la communauté. La conservation de l'énergie vitale, mise à mal par le climat et les conditions d'existence, agit en objectif prioritaire. La chasse, la pêche et la conservation des aliments visent la pure et simple perpétuation du corps et de ses vitalités. Pas de gastronomie, de plaisirs de bouche, de raffinements culinaires dans un monde où l'on pense en quantité de calories nécessaires et à conquérir...

L'absence de culture alimentaire, en dehors des gestes antiques de prélèvement et de conservation du gibier, se double d'une absence de culture susceptible d'apporter un supplément d'âme à la communauté. Les réunions tribales de jadis, les soirées collectives au cours desquelles se perpétuaient les mythes fondateurs et les histoires orales transmises de génération en génération ont laissé place à des vies fragmentées, détachées, confinées dans des maisons standardisées où la télévision fonctionne à jet continu. Pas de spectacles, de musiques, de veillées, sinon dans le dessein de l'ethnologie nostalgique ou du folklore dévitalisé.

Temps de l'ascèse et du dépouillement, du manque et de la rareté, du défaut et de la pénurie. Depuis toujours, l'objectif philosophique existentiel se propose de réaliser ce qui, au Pôle, fonctionne d'évidence : la concentration sur le seul nécessaire, la conjuration du superflu, la réduction du besoin à sa possible satisfaction, la mise en perspective du désir et de la réalité impérieuse, le modèle de l'idéal ascétique, la passion pour le renoncement et le contentement du peu, la morale prenant ses leçons de la nature. L'Inuit connaît naturellement les joies étiques proposées culturellement, en réaction aux logiques d'abondance, par la philosophie occidentale. La tension volontariste des nantis européens rencontre ici les leçons de la nécessité faite destin.

La survie anciennement douloureuse des peuples autochtones entre singulièrement en résonance avec l'option masochiste du tourisme polaire bien souvent affichée par celles et ceux qui entreprennent un séjour en zone arctique. Entretenus dans cette idée saugrenue qu'on ne saurait concilier les plaisirs élémentaires de l'existence – chauffage, confort, nourriture, hygiène – et la présence en terre polaire, les organisateurs en rajoutent parfois sur le tropisme souffreteux mis en évidence par Jean Malaurie qui a clairement dit, à l'issue de son existence consacrée aux explorations polaires, quelle dose de haine de soi, de mépris de soi et de goût pour la souffrance il fallait pour hanter pareilles contrées hostiles et désagréables.

Étrange idée, aujourd'hui fréquemment partagée par les amateurs de Grand Nord, d'imaginer qu'on devrait souffrir à la manière dont même les Inuits ne souffrent plus, pour pénétrer jusqu'à l'os les mystères de la civilisation et de la culture hyperboréennes ! Point n'est besoin à l'heure actuelle de friser les conditions de survie des Esquimaux de l'origine pour approcher un peuple qui, depuis un siècle bientôt, n'entretient plus, lui non plus, cette idée que la souffrance est salvatrice, rédemptrice et payante. Quels péchés ou quelles fautes devrait-on expier en parcourant le toit du monde ? Pourquoi penser en termes de vies ou de comportements à rédimer dès qu'on envisage le franchissement du cercle polaire ? Les conditions naturelles suffisent sans qu'il soit besoin d'en rajouter : froid et humidité, gel et vent ne se conjurent pas plus que ne le permettent les vêtements appropriés, qu'au moins se puissent ajouter des consolations qui effacent les contrariétés incompressibles...

Une sociologie du tourisme polaire montrerait vraisemblablement une dose majeure de masochistes en mal de se réaliser dans, par et pour la douleur. Dormir à même les planches du *kamak* – la maison en dur du campement –, sans chauffage, sans douches, sans toilettes, avec des nourritures lyophilisées de mauvaise qualité, sans alcool qui plus est, ni douceurs de quelque nature que ce soit ; solliciter les régions où prolifèrent les moustiques aux piqûres violentes, les mouches dites voraces qui arrachent un morceau de viande humaine au joyeux touriste élu ; risquer la rencontre avec l'ours au moment fleuri des toilettes improvisées dehors ; collectionner les morsures infectées, les torticolis du petit matin, les rhumatismes de la nuit, les lumbagos de la semaine, les conjonctivites impromptues ; expérimenter une hygiène approximative, la saleté et la crasse parfois ; laisser faire l'humidité qui trempe les vêtements à enfiler aux aurores, moites et puants : voilà de très mauvaises façons d'aborder le mystère boréal...

À jouer l'explorateur, on n'en demeure pas moins un Européen au pouvoir d'achat conséquent qui jouit de se faire mal, singe l'aventure, s'imagine dans la peau d'un découvreur de terres inconnues du siècle dernier et croit qu'en sentant le fauve, en puant l'animal et en suintant, purulent, comme un chancre, on accède directement à la connaissance de ceux qui partagent la vie des sauvages – que ne sont pas et n'ont jamais été les Inuits subissant la loi de la nature vitement abandonnée dès que la possibilité leur en a été donnée. La souffrance n'ajoute rien à la connaissance, pire, elle y soustrait et l'entame, elle ralentit la lucidité et entrave l'intelligence.

La survie ne saurait se théâtraliser à la manière d'un spectacle. En aucune manière il paraît décent de se prendre pour ceux qu'on visite, d'autant plus quand on s'en fait une idée fausse. Les anciennes conditions esquimaudes d'existence ont ressemblé aux plus rudes jamais connues par les hommes. Les déserts chauds ou froids portent les hommes à des degrés existentiels impossibles à connaître si l'on se trouve dans une situation passagère. L'ethnologie contemporaine aura au moins appris aux plus lucides qu'on n'entre jamais sérieusement dans aucune civilisation si l'on n'est pas soi-même issu d'elle. Et encore...

On peut approcher, regarder, expérimenter sa sagacité, sa curiosité, son intelligence, sa culture, ses références, certes ; mais on gagnera à laisser parler l'intuition, l'improvisation, la collision, l'émotion, sans chercher à réaliser une immersion factice qui n'apprendra rien de réel – ni sur soi, ni sur les autres. La survie ne se mime pas ; on ne saurait la mettre en scène à la manière d'une curiosité maîtrisée de bout en bout. Pire, il y a de l'indécence à se prendre pour ce que l'on n'est pas, n'a jamais été, ne sera jamais – à savoir un être en situation de perdre sa vie à cause de la rudesse d'un climat, de l'austérité d'une terre et de son absence de générosité agricole. Le mimétisme de l'étranger ressemble à s'y méprendre à la haine de l'étranger.

La différence tranche nettement et sépare sans doute l'autochtone soumis à la nécessité et l'étranger amateur de Divers à la Segalen : l'un reste quand l'autre part un jour ou l'autre. Le premier demeure, attaché à sa terre comme un naufragé à son radeau, le second reprend le bateau ou l'avion, laisse derrière lui ses compagnons d'un temps – de quelques jours à quelques années. Savoir qu'on peut ne plus être là où l'on est fait la différence avec celui qui jamais ne pourra s'affranchir et s'émanciper du lieu où se déroule son existence au quotidien, et jusqu'à la tombe. L'explorateur, le missionnaire, le prêtre, le commerçant, l'ethnologue, le philosophe-voyageur, l'anthropologue et le touriste procèdent de la même race impénitente...

Bien sûr, quand le réel se réduit à l'austérité maximale, que rien ne subsiste en dehors de quelques impérieuses nécessités – froid, dévastation, aridités –, que la survie se vit sur le mode travesti de l'expédition douloureuse, que tout supplément d'âme est congédié, on se retrouve évidemment face à soi-même, dépouillé, nu, devant le miroir. Emmitouflé dans son sac de couchage, l'haleine fumante dans le kamak sans chauffage, la peau trouée par le dard des moustiques empoisonnés, le dos cassé par les nuits passées sur le bois du sol, les membres frigorifiés, impossibles à réchauffer, l'humidité partout, la saleté effective depuis la dernière et lointaine douche, le ventre dérangé par les nourritures approximatives, les idées dansent dans la tête et hantent la raison vacillante.

Pas besoin de souffrance pour connaître – laissons ce dangereux travers et cette dangereuse idée aux chrétiens... –, l'immersion dans le Divers cher à

Segalen suffit. On ne deviendra pas inuit – quel sot personnage a pu le penser ? –, mais on expérimentera sur soi les conditions climatologiques, la magie d'une géologie, l'extravagance d'une mystique, l'étourdissement des paysages, les conditions d'une métaphysique et, avec un peu de chance ou de talent, on saisira avec l'intuition nécessaire une réalité différente. Voilà déjà tellement d'ébranlements annoncés ! Le passage par l'autre exige le passage par soi et le règlement de comptes avec ses propres fantômes. Une ethnologie hédoniste appelle et suppose un désir de connaissance par les gouffres.

Chahuté par la houle, balancé par les vagues, transpercé par le froid jusqu'au cœur des plus infimes cellules, transi, gelé, grelottant sur le pont du bateau, les idées adviennent en quantité. Elles concernent l'expédition boréale, bien évidemment, mais aussi le reste de sa propre existence, les détails futiles et les décisions essentielles, le microscopique anecdotique et l'immensité des lignes de forces existentielles. Le passage par le pôle Nord met en face d'informations rares, oblige à des expériences inédites, contraint à des ajustements nouveaux.

Le croisement du regard d'un ours blanc, le piaillement aquatique d'une troupe de phoques du Groenland soudainement surgie de l'eau, comme un ballet de danseuses aquatiques vite reparti et disparu dans les fonds sous-marins, l'air fendu par les oiseaux gris, blancs et noirs comme l'eau de la mer, le souffle puissant des baleines, mais aussi les histoires racontées par Pauloosie, ses silences, le souvenir des famines et les images persistantes de nourritures séchant au vent, balancées par l'air frais, les carabines toujours à portée de la main, le rire inuit, la prononciation et la musique singulière de l'inuktitut, les syllabes gutturales, la récurrence et les jeux singuliers de fricatives, labiales et palatales, la qualité de la lumière blanchie par l'air, les morceaux de glace entr'aperçus, surnageant à la surface de la mer – tout peut devenir, bien sûr, matière à découvertes sur soi.

Le Grand Nord ne génère pas *ex nihilo* des secousses existentielles qualitatives. Encore moins si l'on croit les produire en s'armant de la seule idéologie scout, écologiste ou naturaliste. Aborder pareil continent avec le bagage masochiste, doloriste, bien-pensant, expiatoire et sportif, conduit en droite ligne au malentendu. Jouir du froid, vouloir le gel, aspirer aux vexations boréales entretient d'inutiles passions mauvaises : on ne se met pas en mouvement vers les raretés arctiques pourvu seulement d'obsessions rédemptrices. Quiconque part habituellement en voyage avec un vide sidéral au creux de la tête risque de se retrouver dangereusement face à lui-même et à ses porosités ridicules. Au pôle Nord, le vide est plus vide, le creux plus creux, le ravage plus dommageable. La paix ne s'y cherche pas, elle s'y trouve – mais seulement chez l'individu qui déjà en était potentiellement porteur. La contrée favorise une pratique de la maïeutique, certes, mais elle ne révèle en chacun que ce qui s'y trouve déjà...

Chapitre deuxième

Le temps figé : la répétition

Contrairement à la sottise proférée par Hegel, assez doué pour ce genre d'ineptie, les peuples sans écriture ne sont pas des peuples sans histoire. Sans traces visibles sur le papier, certes, sans manuscrits, palimpsestes ni bibliothèques, évidemment, mais pas sans variations dont on ne pourrait établir la chronique ou la narration. Une civilisation à tradition orale obéit à d'autres lois que les cultures écrites. Elle relève d'une histoire minimale, répétitive – dans l'idée des musiques américaines de Phil Glass, Steve Reich ou John Adams – qui en appelle à la chanson de geste parlée, racontée, dite, transmise par le verbe et les mots. L'histoire se parle et se montre avec *des* histoires, récits mythiques et mythologies rémanents.

Les peuples sans écriture n'ont pas pour autant renoncé au verbe. La transmission orale s'effectue selon une autre technique que la transmission figée, ce qui ne veut pas systématiquement dire absence de messages. Les Inuits racontent des chiens qui copulent avec des hommes, des phalanges coupées qui donnent naissance à des phoques une fois jetés à l'eau, des oiseaux qui parlent, des semelles métamorphosées en humains blancs, des femmes qui élisent domicile fixe au fond des eaux, des chamans qui descendent dans la mer pour coiffer les cheveux de déesses magnifiques. Qu'ont à rétorquer sérieusement ceux qui pensent qu'un homme qui était Dieu est mort sur une croix, puis ressuscité trois jours plus tard ? Que sa mère était vierge ? Qu'il existe un enfer, un purgatoire et un paradis pour une âme indépendante du corps ? Que dans du pain et du vin se trouve effectivement le corps de leur divinité ? Et autres fariboles du même tonneau... Les fables mythologiques valent autrement, mais tout autant que les récits philosophiques et les fictions rationnelles. Parfois plus si l'on considère certaines de ces fictions et certains de ces récits...

Les capacités mnémotechniques des civilisations sans écriture surpassent, et de loin, celles des cultures qui renoncent aux mémoires vives après l'abandon aux facilités livresques. La vitalité active tient le devant de la scène, au contraire de leurs antagoniques fatiguées à cause des renoncements imprimés. L'oralité oblige à l'intersubjectivité, elle suppose la relation concrète et incarnée entre celui qui sait puis raconte et celui à qui l'on transmet l'information après l'en avoir jugé digne. La cooptation, le tribalisme, la réalisation de la communauté, la fabrication d'une identité supposent cette parole vive et active entre les hommes. Le ciment éthique passe par l'échange de mots riches et forts, initiatiques et créateurs de vérités sociales.

L'écriture inuktitut apparaît tardivement dans cette civilisation vieille de trois millénaires au moins – puisqu'elle date de la fin du XIXe siècle. On la doit aux Frères moraves, des missionnaires aux intentions claires, évidemment : évangéliser les Inuits, donc en finir avec leur civilisation, leurs us et coutumes. Là où l'on n'apprend pas la langue, le type de relation est induit ; plus encore quand on commence à vouloir codifier la parole pour la soumettre aux raideurs d'un alphabet, d'une typographie, d'une écriture figée qui permet d'entrer dans un monde, certes, mais afin de s'y installer sans y avoir été invité. L'alphabet chrétien ouvre la porte à la colonisation...

La cristallisation d'une langue parlée agit en instrument de domination quand elle est décidée par des individus motivés par des raisons idéologiques. Le Blanc soucieux de parler avec l'Inuit, de communiquer dans sa langue entend rarement cette possibilité comme une occasion de respecter le peuple élu, mais souvent comme une aubaine pour instiller ses messages, distiller sa propagande, contaminer une culture païenne et primitive à l'aide de ferments judéo-chrétiens. L'ethnocide commence avec le dessein de pratiquer la langue de l'autre prétendument pour le comprendre, en fait pour l'asservir. Certes, au début on avance d'autres raisons : la passion exploratrice, la gratuité de la découverte, le désir humanitaire, la générosité civilisatrice, l'idéalisme humaniste, le service charitable, la curiosité intellectuelle. En réalité, autant d'improbables justifications pour dissimuler la cupidité commerciale, la stratégie politique, l'intérêt militaire, l'ordre évangélique, le projet colonisateur.

L'écriture entame donc le processus de destruction de la civilisation inuit. Dans la ligne de mire des chrétiens mobilisés par l'alphabétisation et la cristallisation de la langue, la destruction du chamanisme, du panthéisme païen, de l'animisme primitif et l'instauration du règne de la Bible et ses à-côtés funestes. La conception cyclique et répétitive du temps se trouve remplacée par une lecture linéaire. L'oralité congédiée, le cycle disparaît ; l'écriture instaure le règne de la flèche temporelle, celle qui oblige aux lectures occidentales et brouille les repères de la civilisation traditionnelle. La fabrication de l'inuktitut passe par le verbe échangé, sa vitalité en dépend. L'écriture transfigure la parole vive en langue morte. Et prépare l'anglais annoncé comme langue unique et véhiculaire...

L'oralité maintient l'ordre traditionnel, les valeurs et les repères répétés. Dans l'un des refuges où le brouillard nous contraint de rester à terre, Pauloosie demande un sac de peau de phoque rempli des os de l'animal. Puis il invite au jeu : à l'aide du pouce, de l'index et du majeur, on tient une ficelle avec un nœud coulant ; l'annulaire maintient ce fil sur la paume pour le tendre ; on entre la main dans le sac pour tâcher d'emprisonner le maximum d'osselets ; retournement du sac qu'on porte sous son menton ; on secoue, puis tire la ficelle qui doit saisir et rapporter des os ; peu, très peu pour les non-initiés...

Chacun dispose devant lui d'un petit tas, plus ou moins considérable. Formes différentes, os longs ou courts, massifs ou fins ; couleurs diverses, jaunes ou gris. Sur la table, le joueur invente une histoire et la raconte, il la mime avec ses trophées : des histoires de chasse et de pêche, de chiens et de traîneaux, d'ours et de faim, des partages d'espace dans l'igloo, des constructions de familles, des répartitions de nourriture. Cosmogonie inuit et quotidien des Esquimaux, vision et représentation du monde, puis détail de la vie de tous les jours. Pauloosie imite le bruit du *musher* en claquant la langue contre son palais, puis en criant à la manière du conducteur de traîneau. Il raconte, reprend la trame ancestrale d'une histoire racontée telle quelle depuis des générations, mais brode avec une histoire singulière qui nous associe mon ami Alain et moi, transformés en héros blancs impliqués dans une odyssée polaire...

Le temps minimal et figé dans l'éternité se répète dans ses formes fixes mais laisse aussi place à l'invention, à l'improvisation. L'événement qui fragilise le réel constamment réitéré devient l'occasion d'un écart infime. Là où l'agencement habituel frémit doucement – la présence d'étrangers – on peut entrelarder des instants autres et différents. La plasticité permet d'intercaler l'autre dans le cœur de la répétition du même. À la manière du minimalisme et du répétitif dans la musique contemporaine, de micro-cellules indéfiniment répétées finissent par faire entendre une très légère variation, elle aussi reprise et répétée, intégrée dans la nouvelle mélodie.

Ainsi, en déplaçant de toutes petites unités, rarement, mais sûrement, on fabrique un temps long, étiré, distendu, assez souple pourtant pour se laisser contaminer par de très petites modifications productrices, à terme, de véritables révolutions. Avec le temps, sur de longues durées, l'unité primitive disparaît et le résultat semble n'entretenir aucune relation avec le point de départ. L'histoire des peuples apparemment sans histoire se construit ainsi : sans soubresauts, sans révolutions, sans changements considérables, mais dans le mouvement tout de même. Une dynamique lente ne se confond pas avec une absence de dynamique.

Le progrès occidental et européen se décline selon d'autres modalités, sous un autre climat, plus propice. Le monde inuit, froid, engourdi, ne connaît – quand il obéit à son ordre intrinsèque – que des glissements légers, des craquements imperceptibles, comme une banquise qui bouge, avance, se déplace et, finalement, change de lieu. Le temps lent obéit à la loi du froid qui ralentit les mouvements et ankylose toutes les dynamiques. L'oralité renvoie au même, à la répétition, à la réitération, mais pas au nihilisme ; l'écriture appelle l'autre, la différence, le changement et peut-être le nihilisme... En revanche, l'accélération du réel, la multiplication des repères, leurs dévaluations permanentes et leurs remplacements immédiats mais tout aussi perpétuels, voilà peut-être la source et la raison du nihilisme...

La société sans écriture fonctionne aussi sans argent. Pas de papier, pas de papier-monnaie. Pas de scribes, pas de comptables, pas de clercs, de prêtres ni d'agents du fisc, de commerçants, de transactions avec des parasites sonnants et trébuchants. L'oralité appelle le troc et la culture de l'échange. La rareté et l'indexation de la production sur les besoins n'appellent pas l'urgence d'intermédiaires à même de prendre des bénéfices sur les opérations de commerce classiques. Dans une économie de subsistance, pas de stocks, pas de spéculation, tout juste de la conservation pour assurer la survie. On chasse, on pêche, on donne, on partage, on échange. Et voilà. Créer un alphabet libère rapidement la peste des gens d'argent et leur laisse les pleins pouvoirs.

Les sociétés primitives jusqu'à la première moitié du XXe siècle pratiquent le troc et relèvent d'un anarcho-communalisme – Jean Malaurie le montre avec pertinence – bien vécu et bien compris. Les ancêtres pratiquaient ainsi, pourquoi ne pas perpétuer une machine qui produit les meilleurs effets, ajustée aux conditions de son fonctionnement ? Au nom de quoi briser l'ordre préhistorique ? Pour une histoire qui se contenterait de décalquer celle des Occidentaux ? Temps rapides, accélérations, vitesse, précipitation, excitation, nervosité, destruction, fuite en avant, course à l'abîme ? Longtemps les Inuits ont refusé cette proposition.

Les missionnaires moraves portent le feu dans le cœur même de la civilisation inuit en faisant basculer le monde oral dans un monde écrit. Les Américains-Canadiens d'aujourd'hui accélèrent le mouvement en proposant exactement de la même manière une civilisation numérique qui présente l'ordinateur et l'informatique comme les instruments à même de résoudre l'ensemble des problèmes actuels de la civilisation inuit. Passage express des récits mythologiques racontés sous l'igloo jusque dans les années 1950 au clavier du Mac branché à longueur de journée – version inuktitut oblige... L'école durcit le combat en présentant l'écran – qui rappelle tellement celui de la télévision ingurgitée à l'envi ! – comme la solution aux problèmes de communication de la terre de Baffin avec le monde entier...

Le temps numérique arrive, il coexiste dans l'esprit des adultes – ne parlons pas des anciens qui vont mourir en n'y consentant pas – avec le temps chamanique. La collision produit des perturbations intellectuelles violentes et brutales. Du paléolithique au post-moderne sans intermédiaire, voilà qui désoriente les tempéraments les mieux trempés... Mais les antennes paraboliques sur le toit des bâtisses en dur, les voitures aux moteurs de V8, les skidoos ou les quads n'empêchent pas le temps traditionnel de durer, de persister, indéracinable, efficace dans le détail et l'essentiel. Le syncrétisme religieux se double d'un syncrétisme métaphysique : on croit en même temps à l'ours capable de comprendre les paroles échangées entre les hommes et aux mystères électriques du pixel numérisé. De manière schizophrène, temps antédiluvien et figé se superpose au temps post-moderne et accéléré...

L'invention n'est pas à l'ordre du jour, ni le progrès, ni le changement. En revanche la disparition est à craindre. La mesure d'un homme – Pauloosie par exemple, du haut de ses soixante-quatorze ans – permet de constater la distance qui sépare l'Inuit traditionnel né avant 1950 de l'Inuit contemporain amateur de téléphone portable et passager de l'avion à même de le conduire en convoi sanitaire par-delà les montagnes de la terre de Baffin en direction d'un hôpital à Montréal ou Ottawa. L'ancien se souvient en souriant aujourd'hui du premier avion survolant son village, de sa peur, de sa crainte, de sa terreur devant un phénomène aussi incompréhensible.

Le même a connu l'igloo et les hivers rudes vécus dans la construction de neige et de glace avant de disposer de sa maison en dur avec télévision allumée en permanence ; il a chassé l'ours de manière traditionnelle, conduit son traîneau et dressé ses chiens, il dispose désormais de plusieurs véhicules conduits par tel ou tel de ses enfants ; il s'est éclairé avec des lampes à huile de phoque, il a l'électricité ; il a pratiqué le kayak, il se tient aujourd'hui ferme aux commandes de ses bateaux armés de GPS, d'écrans à quartz liquide, d'instruments de navigation, d'un poêle ; il a appris à parler l'inuktitut, demeure rétif à l'anglais, mais ses enfants le parlent tous couramment.

Or : à quoi bon le véhicule qui permet de traverser le village en trois minutes quand dix le permettent à pied ? Quelle utilité pour ces matériaux perfectionnés sur son bateau, vraisemblablement exigés et obtenus par le gouvernement canadien – règlement oblige – quand on s'aperçoit au petit matin de brouillard épais, alors que la coque vient déjà de racler dangereusement les fonds marins et menace de crever, qu'il ne sait pas piloter son embarcation autrement qu'à l'œil ?

Certes l'appréciation inuit, dans un temps traditionnel, suffirait pour conclure à la sagesse de ne pas prendre la mer pour cause de mauvaise météo. Mais à quoi rime cette situation qui met sur mer un vieil homme sans ses points de repère traditionnels, incapable de recourir aux techniques modernes ? En progressant à vue dans la brume, risquant pendant une bonne demi-heure la collision avec un bloc de glace, un rocher, un sous-sol marin trop affleurant, j'ai compulsé le livret d'utilisation du radar, du positionnement satellitaire avant de mettre tout le matériel en route dans le dessein de retrouver le village et l'aéroport du lendemain... Le tout devant l'air accablé des Inuits soumis à la fatalité météorologique...

Résistances au temps moderne, incapacité mentale à s'y plier – et tant mieux –, persistance des temps anciens, mais aussi aspirations à singer l'Occident, à lui ressembler dans la caricature, tentations contemporaines et permanence de l'ancestral : l'imaginaire inuit se déchire, infidèle aux deux mondes, plus assez arrimé dans le vieux continent mental, pas encore habile dans les méandres du nouveau. Ni à l'aise dans l'igloo, ni chez lui dans des maisons prétendument provisoires mais réellement définitives, l'Inuit qui sculpte une immense dent de narval avec des scènes mythologiques naïves travaille avec une petite perceuse sur laquelle il ajuste des forets collectionnés en quantité dans sa boîte à outils. Il creuse, taille, polit, dessine, lime comme un Esquimau des origines, certes, mais avec des outils d'aujourd'hui, des histoires et des scènes devenues lointaines. La recherche du temps perdu s'effectue pour lui sous un drapeau américain accroché au mur, juste en dessous d'un autre, canadien celui-là – les deux pays auxquels il doit son parcage, sa réserve et la transformation de son peuple en objet de folklore, en humanité de seconde zone. Temps figé, arrêté, mort...

Chapitre troisième

Le temps dissimulé : le rite

Dans une civilisation à tradition orale, le silence pèse plus lourd que dans une civilisation à tradition écrite, donc bavarde. L'importance des mots se montre plus dans leur usage rare que dans la profusion occidentale de messages tellement abondants qu'ils s'annulent mutuellement et qu'on n'entend plus rien à cause du trop d'informations. Le silence initiatique des pythagoriciens ou des francs-maçons, celui des autistes ou des fous pèse plus que tous les discours – y compris des philosophes. Surtout des philosophes... Aujourd'hui le silence effraie, il terrorise, il indispose les humains qui, pour conjurer l'angoisse, déversent des flots de paroles inutiles et saturent le réel avec un parasitage perpétuel formulé en volapük.

Le silence des populations qui rencontrent des étrangers désireux de forcer leurs secrets montre une détermination proportionnelle à l'intensité de la résistance dont elles sont capables : plus elles taisent, plus longuement elles se taisent, plus leur identité dure, persiste. J'aime que les Dogons aient choisi, eux, de souvent donner de fausses informations pour tromper l'ethnographe, lui envoyer des leurres avec lesquels il s'excite longuement en proposant des interprétations structurales toutes plus savantes les unes que les autres, mais toutes plus fausses, bien évidemment, les unes que les autres. Parler pour mieux faire silence : pointe aiguë de la dissimulation...

Les Inuits taisent, me semble-t-il, toute leur lecture traditionnelle, rituelle ou chamanique du monde. Sur ce sujet, ils opposent un mutisme massif. En sages avertis et avérés, ils répondent aux questions lancées sur ce sujet avec un sourire faussement niais, un rire accompagné d'un gloussement caractéristique, un haussement d'épaules doublé d'une mimique ingénue, ou un savant travestissement de leur anglais qui, soudain, devient inopérant – alors qu'il l'est tellement dès qu'il s'agit de partager dans un kamak éloigné du regard des anciens un peu de vodka, de calvados ou un havane...

Pauloosie et mon père, deux silencieux, deux taciturnes, n'ont pas manqué de communiquer en silence pendant tout le temps du séjour polaire. Sans anglais en commun, l'un ne parlant qu'inuktitut, l'autre seulement le français. Des regards, des gestes, des attentions, des signes, le tout sans aucun mot, ont raconté très vite une relation construite sur le respect des anciens. Atata, âgé de soixante-quatorze ans, a manifesté plusieurs fois des égards à mon père, son aîné de six années. Ainsi, dans un premier campement réduit à la toile de tente, aux moustiques, au feu entre quelques pierres, à l'omble grillé, aux lueurs de la nuit polaire, l'Inuit des glaces est venu raconter au Normand des terres ses chasses anciennes, ses souvenirs, ses ours et ses igloos.

Chacun était assis où il pouvait : à même le sol, sur une pierre, sur une bille de bois peut-être abandonnée après la construction en dur de la petite maison traditionnelle de Pauloosie. Nous attendions sa visite après le dîner frugal. La surface lisse de la mer, quelques clapotis sur la berge, la queue d'un poisson pris au filet frappant l'eau, la clarté blanche de la lumière qui enveloppait dans un brouillard de lait les fjords alentour, tout exprimait une ambiance de début d'humanité – sérénité associée, paix des âmes réconciliées avec elles-mêmes. Quand Atata apparut tenant une chaise à la main. Spectacle surréaliste d'un mobilier surgissant là, dans le dénuement le plus complet, genre de collision surréaliste apparentée à la fameuse machine à coudre sur un billard de salle d'opération.

Atata, dandinant, marchant en regardant le sol, a rejoint notre petit groupe, puis posé la chaise sur le sol avant d'indiquer à mon père, valide, bien-portant, n'ayant rien formulé qui ressemble à l'aumône d'un siège – je ne l'ai jamais rien entendu demander de sa vie, jamais... –, qu'elle lui était destinée. Moment d'émotion du vieil homme rendant hommage à plus ancien que lui, devant ses deux employés trentenaires qui assistaient à la scène taiseux, complices. Vieux sage dans son village, respecté pour ses qualités d'ancien, considéré par tous comme une figure majeure, patriarche devant qui tout plie, sommet du système tribal, chaman taciturne, il reconnaissait aux yeux de tous qu'une vieillesse supérieure à la sienne méritait cet égard – la gorge me serre encore aujourd'hui.

Plus tard, ce fut un geste simple qui invita mon père à quitter le pont du bateau où le vent glacé, la pluie, le brouillard, le froid nous tétanisaient, pour la cabine de pilotage chauffée par un minuscule poêle, mais très efficace. Mon père fit tout le séjour aux côtés d'Atata, sphinx inuit à la barre du bateau, l'œil caressant la mer. Du côté paternel, jamais l'invite n'a été considérée comme définitivement acquise ; du côté d'Atata, la proposition fut réitérée quotidiennement, et tous les matins mon père se jucha sur le siège de son voisin complice. Atata sortit un jour un minuscule appareil photo jetable et photographia son complice. Geste furtif, pas d'effusion, prise de la photo, sourire, reprise des commandes du bateau – j'étais derrière eux, la vie me semblait belle, lumineuse, comme débarrassée du mal et de la mort.

L'après-midi du jeu avec les osselets du sac en peau de phoque, lorsque Pauloosie apprit que nous effectuions ce voyage pour fêter le quatre-vingtième anniversaire de mon père, ouvrier agricole n'ayant jamais quitté son village ni envisagé de réaliser un jour son rêve d'enfant, dès qu'il comprit que ce périple dans le Grand Nord visait à permettre au fils de réaliser le rêve de son père et de souffler quatre-vingts bougies sur un gâteau au sommet du monde, son visage esquissa un sourire et, furtivement, il applaudit, ses deux grosses mains presque immobiles, le geste quasi invisible, sans un bruit qui le trahisse, sans un mouvement qui le montre, presque pour lui.

Au moment du départ, à l'aéroport de Qikiqtarjuaq, séparé par un grillage de la piste en terre où les avions se posent dans un nuage de poussière, crevant souvent le brouillard matinal, très bas, frôlant la montagne et survolant les glaciers, mon père et Pauloosie s'étaient retrouvés, silencieux, côte à côte, se touchant presque, évitant de se regarder, de se parler, de tenter même d'échanger maladroitement quelques propos. Leurs présences minérales ne déparaient pas dans le paysage, ni dans la rudesse du climat, la fraîcheur du jour. Leur poignée de main, sans effusion, sans effets, échangea sûrement leurs deux énergies, partagea leur émotion. Dans l'avion qui prenait de l'altitude, le froid augmentant dans l'habitacle sans pressurisation, je me retournais sur mon père qui regardait le village s'éloigner, en bas. Quelques secondes plus tard je le vis écrire un début de mot sur un petit morceau de carton. Je ne sais pour qui, je ne sais lequel – ayant détourné le regard pour lui laisser son secret. Nous étions juste au-dessus des glaciers, le ciel était saturé d'azur, je prenais viscéralement une leçon de vérité.

Jamais, donc, il n'y eut d'autres commentaires inuits ou des mots pour expliquer qu'on doit respecter les anciens, honorer les vieux pour leur sagesse, leur existence longue, leur avenir entamé. Au contraire de l'Occident toujours répandu de manière obscène en déclarations de bonnes intentions à l'endroit des anciens que des périphrases permettent de transformer en personnes âgées ou en troisième âge – afin d'éviter les mots qui fâchent... –, et qui traite ses anciens comme des improductifs, des inutiles, des parasites, les Esquimaux se taisent mais honorent activement, dans les gestes, avec des signes ouverts, francs et nets. L'essentiel ne se dit ni ne se raconte, il se montre. Privilège des civilisations orales : le signe surclasse le verbe, le geste dépasse le mot, le signifié détrône qualitativement le signifiant.

Les valeurs éthiques peuvent se montrer, elles le doivent même, mais celles de la religion semblent ne pas supporter la publicité. Autant on évite les mots pour pratiquer les vertus, autant on garde pardevers soi les informations concernant les esprits, les conceptions du monde ou le destin des morts. Silence absolu sur ces questions... Il faut donc se mettre à l'écoute, guetter le moindre détail, solliciter en biais, interroger un signe, dire qu'on l'a remarqué, approcher doucement, renoncer, revenir plus tard et appliquer toutes les stratégies possibles : douceur, proximité, complicité. D'autant que les secrets préservés et conservés peuvent sûrement se retrouver dans toutes les bonnes histoires des religions ou dans les encyclopédies dignes de ce nom...

Le rituel coexiste avec le virtuel. Lors d'une conversation avec Livi, un Inuit sans âge – la trentaine, petites moustaches de phoque, yeux rieurs, dents sauvagement réparties, gentillesse perpétuelle – avec lequel nous partageons un peu de fumée et d'alcool prohibé, les questions d'actualité fusent. Flanqué d'un comparse hermétique comme une bernique, casquette américaine sur la tête surmontée en toutes occasions par un casque qui lui permet d'écouter de la musique groenlandaise – insipide clonage de Björk –, Livi raconte l'actualité du monde à la manière d'un empereur romain : pouce baissé, il égrène des noms qui sonnent étrangement au-delà du cercle polaire : Hitler, Staline, Bush, Clinton, Arafat, Sharon, Saddam Hussein, Milošević – tous envoyés dans les culs-de-basse-fosse de l'Histoire.

Le même qui, exploité au quotidien dans un travail harassant, sans horaires, dur et physique, se réjouit de la chute du mur de Berlin et de la fin du communisme, se ferme et raidit dès qu'on aborde la question de l'ours blanc. On nous a interdit de sortir du refuge sans le signaler, afin d'être en permanence accompagnés par l'un des deux comparses armé d'un fusil destiné à nous protéger de l'animal vénéré et craint, admiré et redouté. Nous en parlons sur le mode ironique et plaisant, entre Blancs... Mais Livi nous arrête : on ne plaisante pas avec l'ours – car il nous entend. Plus tard dans la journée, Pauloosie ayant appris les raisons affectives de ce voyage polaire, confiera dans une voix blanche que, le soir venu, il appellera le *nanuq,* qu'il nous entendra et qu'ainsi, peut-être, le lendemain nous le verrons. Le lendemain, nous l'avons vu.

Plus tard, au lever des filets qui remontent une pêche miraculeuse à la surface, un omble chevalier se distingue de la douzaine remontés – œil vif, fraîcheur luisante, un mètre d'écailles sur lesquelles se reflète la lune – par un trou sur le dos, à l'arrière de la nageoire dorsale, près de la queue. Trou à vif de chair déchirée par la dent d'un phoque, la patte d'un ours ou autre chose. Le poisson percé est jeté à même le sol, sans ménagement. Les autres sont regroupés, celui-ci gît à l'écart. Questions sur le signe distinctif. Pas de réponses : on ne sait pour quelles raisons il se sépare des autres en paquet, l'origine de la blessure, sa signification, toujours est-il que, supputant le mystère des fonds sous-marins, la punition d'une divinité aquatique, le marquage d'un esprit des eaux, nous avançons l'hypothèse d'une impureté de l'animal. Haussement d'épaules, silence, sourire, rire, évitements habituels...

Impossible à manger, pour les hommes ou pour le chien, impossible à mélanger aux autres, impossible à rejeter à l'eau, à remettre en mer, le poisson troué semble incapable d'accéder à un statut : impossible de lui trouver une utilisation. Les ombles partent dans le mystère de la nuit, emportés par les deux Inuits au service de Pauloosie... Le lendemain, sur le pont du bateau, l'animal amputé du morceau impur a retrouvé la communauté des autres, à ciel ouvert, dans une bassine, le froid ambiant les préservant de la putréfaction. Le soir, vraisemblablement rituellement purifié – quels rites ? quelles paroles ? quel ancestral théâtre d'ombres ? –, il finit comme les autres dans l'assiette, grillé.

Respect des anciens, communication avec les forces telluriques de l'ours, relations viscérales avec le monde des puissances sous-marines, la tradition, le rite et la vision du monde commune aux esprits anciens et aux Inuits modernes traversent encore le quotidien polaire. Le silence, toujours, plane sur ces signes et les nimbe d'une aura que ne troublent ni les hommes ni le vent, ni les mots ni les énergies. Le déroulement de ces moments forts s'effectue dans un temps aux parfums antiques, contemporains de la préhistoire occidentale ou des mythes grecs. Permanence des forces en leurs formes de cristallisation primitive, bonheur de l'immortalité – jusqu'à ce jour – du Divers expérimenté, ressenti, vécu, transmis...

De semblables émotions nous travaillent lorsque nous assistons à la découpe et au partage d'un phoque cru. Quelque temps auparavant dans le campement, une famille regroupée autour du cadavre d'un autre animal nous avait écartés et refusait le regard occidental sur le rite manducatoire orgiaque. Ils avaient souhaité l'écart, protégés par leurs toiles de tente, réunis entre eux, sans Blancs. À quelques mètres, nous imaginions la scène sans trop savoir à quoi elle pouvait ressembler. Avant que Pauloosie et les siens accèdent à notre demande au moment de leur propre déjeuner effectué debout devant les montagnes et la mer. Repas de sang dans la lumière blanche...

Le phoque avait eu la tête éclatée, la balle ayant fait sauter un œil. Sur le dos, appendice caudal à plat – plume et gouvernail associés –, les deux petites ailes – pattes et nageoires mélangées – immobiles, comme celles d'un ange abattu en plein vol, l'animal gisait, ouvert par le milieu, ligne droite, sans tremblé, taillée en remontant du sexe à la gorge. Les viscères répandus, les organes baignant dans l'hémoglobine, la bête offrait son sang au soleil froid. La chair gorgée de vermillon semble une éponge suintante du liquide brillant. La peau recouvre une couche de cuir poilu, une autre de graisse blanche. Je songe à la raie de Chardin, immense animal sacrifié, planant dans l'éternité, passion bestiale d'une crucifixion païenne...

Un grand couteau aiguisé par Atata sert à l'ouverture du phoque, puis au pointage des organes destinés aux hommes, aux femmes et aux enfants. La pointe en acier va vite et l'on ne saura pour quelles raisons le foie ou le cœur, le poumon ou l'œil reviennent à tel ou tel. Chacun se sert, n'ignorant rien du morceau qui lui échoit. Un *ulla* – un couteau inuit dont le manche horizontal tient dans la paume de la main, une tige d'acier le reliant à une lame en croissant – taille vif un fragment de chair porté à la main vers la bouche. La lame s'interpose entre les lèvres et la pièce de viande puis coupe. Les doigts tachés de sang, puis la paume, la main, enfin, rouge elle aussi dans la clarté polaire.

Chacun goûte. Les Inuits rient, excités, nerveux, animés comme lors d'une danse extatique, un genre de cérémonie païenne nourrie de sang. Rires, quelques mots, un bruit de mâchoires et de bouches qui sucent le liquide vermillon puis mastiquent peu avant d'avaler vite. Les visages sont tous teintés d'un incarnat réparti comme un rouge à lèvres de comédiens mal grimés. Spectacle inquiétant, primitif, d'orifices sanglants qui engloutissent et déglutissent encore et toujours des morceaux de chair rougis, dégoulinants. Rires encore et bouches carminées. Dans la gorge, le sang sature. La texture paraît souple, sinon spongieuse, filandreuse, assez peu ferme ou compacte, en revanche le goût fade et métallique reste longtemps. Le sang coagule vite sur la bouche de mon père et d'Alain, puis noircit... Je passe sans arrêt ma langue sur mes lèvres... La fade odeur du fer monte de la carcasse sanglante dans l'air.

La trachée du phoque trace et se fraye un passage entre côtes saillantes et viandes brunes, foie vite séché par le vent et flaques de sang croupies dans les poches de la peau ondulant sur les galets. Le sang a giclé, aspergeant les pierres alentour. Comme dans un accident métaphysique, l'animal a péri dans le silence troublé par des murmures, ceux de quelques paroles brèves échangées dans le vent léger venu des fjords et coulant à la surface de la mer lisse. Ambiance de genèse de l'humanité...

En léger retrait, chacun ayant presque terminé son déjeuner debout, à même la pièce jonchant le sol, Pauloosie tient dans la main l'œil épargné par le trajet de la balle. Morceau de choix semble-t-il, mais on ne saura pour quelles raisons. Donne-t-il la clairvoyance ? Rend-il plus pointu dans l'intelligence des choses ? Montre-t-il sur terre ce que l'animal a vu sous l'eau ? Transmet-il les vertus animales à l'homme qui le mange ? Le couteau taille dans le globe à l'iris sombre. Trait de lame semblable à celui de Buñuel... Tressaillements, nos propres yeux écarquillés...

La tête penchée en avant pour éviter de se tacher, Pauloosie gobe l'intérieur de l'œil. Bruit d'œuf aspiré, de soupe brûlante avalée avec précaution, déglutition gourmande. Puis la bouche crache un morceau solide – la cornée ? Retaillant le globe pour en couper deux moitiés égales, il avale l'une, puis l'autre. Rire de tous, sauf des Blancs qui retiennent leur souffle, ayant eu l'impression d'assister à une cérémonie rituelle de la Grèce archaïque : viande crue, sanguinolente, prélevée à même la bête fraîchement tuée, mangée debout dans le théâtre primitif d'une nature sauvage et rude. Les traces de sang sur la bouche témoignent de l'événement écoulé : ces hommes-là communient par-delà les siècles avec le fantôme ou les esprits d'individus qui tenaient leur énergie de la terre et de la mer, du sol et du sang. Cinq mille ans en amont, le temps des archéologies primitives survit, radieux, solaire et rouge...

Un membre de la famille, mais pas le patriarche, s'occupe ensuite de la carcasse du phoque. Dans les revers de la peau, il incise le cuir à trois ou quatre endroits. Des côtes prélevées servent à refermer l'animal : les bords sont rapprochés, les entailles superposées et l'os enfilé dans ces boutonnières de chair fonctionne comme une fibule. Petit paquet de phoque allégé de quelques organes, outre de viande qui déborde un peu des peaux abouchées, décapité, l'anatomie sacrée et païenne est remise à l'eau qui rougit lentement et transforme le bord de la plage en scène épique. À la manière d'une encre se diffusant en volutes, le vermillon contamine la rive. Demain j'y puiserai un peu d'eau glacée pour me laver un peu et me raser...

TROISIÈME PARTIE

Le temps détruit : la disparition

LODGE

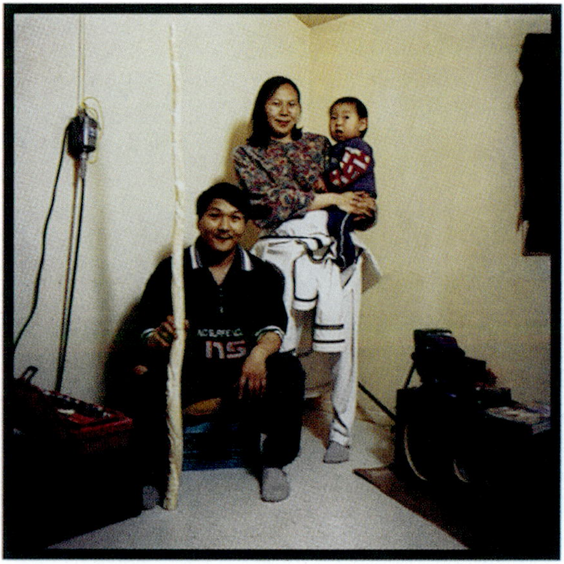

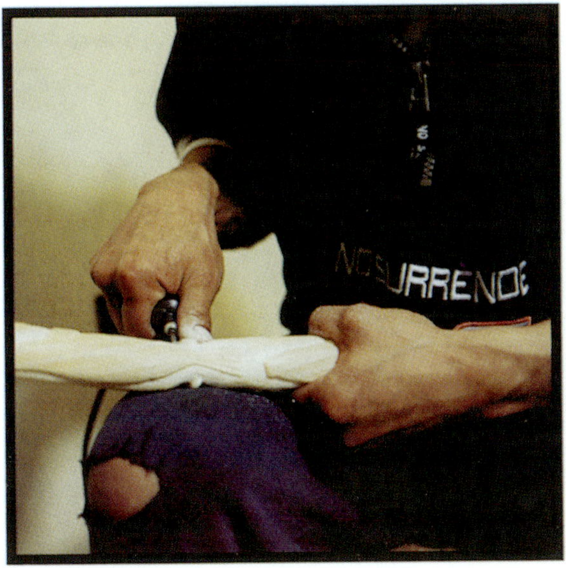

Chapitre premier

Le temps allogène : la colonisation

L'étymologie d'*esquimau* le rappelle : les Inuits mangent de la viande crue. Depuis les leçons de Lévi-Strauss sur le cuit des civilisations évoluées et le cru des cultures primitives, la manducation sanguinolente apparente nettement aux peuplades des origines. Raison de plus quand on pointe çà et là des cas d'anthropophagie dans le récent siècle écoulé... C'est en sachant leur identité réduite à ce trait de caractère difficilement compréhensible par les Blancs que les hommes du Grand Nord se nomment Inuits – ce qui veut dire *les hommes*. Refus d'une réduction au plus mal compris, désir d'accéder au statut d'humain malgré et contre ce qui passe le plus facilement pour de l'inhumain – manger la chair crue...

On sait depuis Montaigne le talent des bien-pensants pour recourir à l'épithète *barbare* dans le dessein de qualifier ce qui résiste à leurs catégories. Phoque cru ou à peine bouilli en ragoût, beluga pourri ou soupe de caribou, voilà qui surclasserait nos cuisses de grenouilles à l'ail, nos escargots en cagouille ou nos petits cœurs de volailles confits ? Échanges de bons procédés ethnocentristes, Pauloosie grimaça lorsque nous lui fîmes goûter, rapporté de France pour nos agapes en kamak, un foie gras des Landes trouvé par lui fort peu ragoûtant... Livi lui emboîta le pas estimant la chose un peu pâteuse, vaguement écœurante...

Les explorateurs furent parfois plus soucieux des peuples découverts – encore que... – que les prêtres, missionnaires et autres commerçants venus exploiter la région, piller les richesses et détruire les cultures. Afin d'assassiner un peuple, rien ne vaut la déconsidération de sa civilisation, le déni de son humanité, le discrédit de ses mœurs. Les récits ethnographiques abondent en exercices de ce genre : saleté, crasse et puanteur légendaire des Esquimaux, cannibalisme négateur de toute morale, pratiques sexuelles échangistes, promiscuité corporelle des igloos, inhumanité avec les chiens empalés à l'occasion de sacrifices, primitivisme religieux, proximité avec le monde animal, vêtements venus d'ailleurs, si proches des pelages et fourrures animales...

L'empathie n'étouffe guère les premiers visiteurs d'Inuits. Le préjugé occidental longtemps transmis à leur sujet a légitimé l'autoritarisme colonial récemment parvenu à un ethnocide quasi réussi. Quelques lambeaux de civilisation originelle perdurent, mais l'essentiel a été savamment anéanti, méthodiquement détruit, systématiquement pillé. L'Esquimau revendiquant le statut d'Inuit, le mangeur de viande crue souhaitant avant tout être considéré comme un homme, voilà le symptôme d'une volonté légitime de se réapproprier son destin contre et malgré le Blanc.

Les Inuits d'avant l'occidentalisation ignorent les emplois du temps, inventés par le christianisme pour rythmer les périodes de production, celles du repos et intercaler la prière entre elles. En sonnant les heures, les clochers des villages au Moyen Âge invitaient les paysans à renoncer aux rythmes de la nature au profit des cadences de la culture. Dans les temps d'avant la mesure capitaliste, on mange quand le besoin se fait sentir, on rassemble la nourriture pour se sustenter, on travaille pour se nourrir et l'on se nourrit pour ne pas mourir. La dynamique obéit à ces éternels mouvements oscillant comme des pendules cosmiques.

De même pour le sommeil que ne rythme pas l'alternance du jour et de la nuit, et pour cause, mais le temps climatologique : la possibilité, ou non, de sortir pour prendre la mer ou atteler le traîneau afin d'aller chasser ou pêcher pour rapporter à la tribu de quoi subvenir aux besoins en protéines. Une journée au campement fut ainsi consacrée totalement au sommeil par les Inuits qui, se réveillant de bonne heure, avaient conclu à l'inutilité d'embarquer pour cause de brouillard trop épais : ils étaient partis se recoucher. Les Blancs attendaient, tuant le temps – je lisais Pétrarque... – alors que Pauloosie et les siens dormaient comme si la nuit s'était poursuivie.

L'Occident a contrôlé les corps à l'aide du christianisme réduit à une politique de l'ascèse et de la contrainte des chairs. D'où un quadrillage du temps et une affectation particulière de moments précis du jour et de la nuit pour manger et dormir : temps des repas ritualisés, temps du sommeil, lui aussi contenu dans des logiques sociales. Repas en famille, assis autour d'une table, offerts à Dieu, à heure fixe ; couchers réglés à des heures conformistes après prière à la même divinité. Tous les colonialismes judéo-chrétiens ont détruit les habitudes autochtones pour infliger la tyrannie des horaires et la dictature des emplois du temps. Être en un lieu précis dans un temps précis pour une activité précise, voilà qui permet un contrôle total et une maîtrise absolue des corps, des âmes et des énergies.

Le temps occidental s'identifie à l'argent : temps de la production accélérée, du travail rentable, de la profusion des stocks, de la spéculation, de la création des richesses aux moindres coûts ; celui des Inuits anciens suivait au plus près les invites de la nature : temps élémentaire et géologique, climatique et vital, temps existentiel et vécu, temps de la survie et de la répétition, temps païen, panthéiste. La collision des deux entités a produit, et produit encore, des violences psychiques et métaphysiques considérables. L'acculturation au chronomètre modifie radicalement et substantiellement les corps – et les âmes. Jadis, le monde inuit regardait l'heure en scrutant le soleil, sa course dans le ciel, en interrogeant les étoiles ou le vent, pas en consultant le dérisoire cadran de montres à quartz...

Dans l'emploi du temps infligé par les Blancs, celui de l'École a nettement accéléré la fin d'une culture. Dans les temps anciens, la tribu enseignait, la famille transmettait, l'éducation ne s'effectuait pas dans des lieux séparés, mais au sein même de la communauté qui donnait ses secrets, racontait les savoirs et les savoir-faire essentiels au métier de chasseur et de pêcheur. Pas d'instituteur distillant la bonne parole, la pensée juste, dressant, fabriquant les consciences et réduisant le Divers au format unique nécessaire à l'intégration du groupe inuit à la communauté canadienne – en fait, américaine –, mais un ancien qui dit et donne afin de perpétuer l'ordre cosmique, religieux, politique, métaphysique – humain...

Aller à l'école suppose se lever, quel que soit le temps – vent, pluie, neige, tempêtes, bourrasques –, quel que soit le moment de l'année – jour permanent ou nuit perpétuelle, période de chasse ou de cueillette, de dégel ou de glace. Or le métabolisme se modifie pendant ces différents moments de l'année : la nuit totale ne produit pas un psychisme semblable à celui du moment de l'année où le jour triomphe sans partage. Le rythme scolaire ignore le rythme solaire, la décision administrative oublieuse des fuseaux horaires et des méridiens se moque des capacités et tropismes millénaires d'une communauté habituée à vivre selon l'ordre naturel.

Les effets du décalage horaire des voyageurs occidentaux devraient donner des leçons sur les rythmes circadiens des individus et leurs incidences sur l'activité, le dynamisme et l'énergie au quotidien. Le viol blanc de ces horloges internes polaires fouille au plus profond, atteint le plus intime d'une conscience et d'un être. L'adaptation à un milieu s'effectue selon les principes du temps viscéral, toujours nié par les peuples conquérants qui importent dans leurs bagages néfastes cet attirail de quadrillage du temps selon leur ordre inspiré des règles monacales chrétiennes des premiers temps.

L'Église, bien sûr, effectue un travail complice de l'école confiée aux Blancs, aux missionnaires ou à leurs collaborateurs indigènes. Dans Qiikiqtarjuaq deux d'entre elles fonctionnent – autant que de magasins. Les croix qui coiffent les clochers rivalisent avec les cairns visibles sur les monticules de la côte, elles dominent le village où sèchent les peaux de phoques, où un drapeau communiste de l'époque soviétique occulte une fenêtre derrière laquelle la lumière artificielle semble ne jamais s'éteindre, où un faciès de chanteur américain en cache un autre. Présence de Jésus de Nazareth, de cette religion orientale, du crucifix et de l'hostie dans ce monde où les ours parlent, les yeux de phoques se mangent crus, le sang excite le corps dans des pulsions orgiaques prêtes à surgir à tout moment. Stupidité d'une religion du renoncement, de l'ascèse et de la haine des corps dans le pays des icebergs, des hummocks, des baleines et de la banquise. Empire des prêtres, commerçants, marchands et professeurs associés, tous aspirant à détruire une civilisation pour en infliger une autre qui n'a pas fait preuve de sa supériorité dans les mondes où elle a régné sans partage et sans douceur pendant plus d'un siècle...

Dans la logique du temps brisé, détruit, la création d'une entité, un premier avril (!) 1999, faussement autonome, absolument dépendante du pouvoir central canadien, vaut comme une poudre aux yeux assez efficace aux yeux des Occidentaux. Pas à ceux des Inuits. La promotion d'un Nunavut comme zone d'autonomie relative pilotée par l'administration nord-américaine agit comme une ruse de la raison hégélienne : en affirmant offrir aux Esquimaux une zone apparentée à un genre de réserve politique, on accélère le processus d'intégration de la communauté au groupe étatique. Les régionalisations augmentent toujours les risques d'une augmentation sournoise et dissimulée, plus fine, de l'emprise de l'État.

L'École et l'Église contribuent donc comme un seul homme à vanter les mérites de cette zone nouvelle – pas un État, pas une région propre, pas une enclave autonome –, aux côtés des organismes de tourisme, des organisateurs de voyage au Grand Nord et des journalistes habilités aux informations internationales. Des administrations, des groupes, des instances, des associations, des comités, des syndicats, des relais de la machine de guerre étatique s'évertuent à vendre ce nouveau concept qui dissimule mal la bonne conscience de l'État central conscient d'avoir réussi son ethnocide de la civilisation inuit. Le Nunavut s'épanouit en paiement d'une dette à l'endroit d'un peuple dépossédé de lui-même et cyniquement remboursé sous la forme de ce cadeau qui ne coûte rien – d'autant qu'on peut aussi s'en servir comme un moyen de parachever la tâche coloniale par son utilisation en courroie de transmission efficace des directives canadiennes...

Au pied du supermarché, le drapeau du Nunavut claque au vent : un cairn stylisé, cinq pierres rouges, une moitié du drapeau jaune, l'autre blanche – les couleurs du Vatican... – et une étoile bleue sur le bord supérieur droit. Étoile Polaire, celle qui indique la direction, mais laquelle et pour qui ? Le vent fait aussi claquer juste au-dessus sur la hampe l'oriflamme canadienne, feuille d'érable inconvenante et incongrue dans ce pays où il ne pousse plus un seul arbre depuis au moins trois mille kilomètres au sud. Pour parfaire le tableau ironique, il manque, au-dessus des deux morceaux de tissu locaux, la bannière étoilée des États-Unis...

Dans l'assemblée du Nunavut (MLA : Member Legislative Assembly, dont le nom, on le constate, procède de la langue autochtone...), les élus inuits disposent de la moitié des sièges ! L'autre moitié, bien évidemment, défend avec passion et gratuité, équité et détermination, les intérêts inuits, la cause, la civilisation, la culture et la langue des Esquimaux... Ce qui se présente comme un honneur, une chance, un bonheur, une bonne nouvelle doit malheureusement se lire comme une tristesse : la chose ainsi créée s'apparente bel et bien à une mécanique administrative à même de mieux assurer le contrôle et la mainmise de l'État canadien sur ce peuple jadis nomade et désormais sédentarisé, pieds et poings liés, soumis aux directives tatillonnes et spécieuses du gouvernement national ignorant des problèmes locaux et spécifiques.

La fiction du Nunavut se propose réellement, sous des travestissements symboliques qui laissent imaginer un avenir vers l'autonomie ou l'indépendance, de capturer la civilisation inuit, désormais moribonde, et de transformer ses instances en chambres d'enregistrements qui accélèrent les consignes américano-canadiennes. L'École, l'Église et le Nunavut travaillent en profondeur à l'achèvement de l'acculturation, à la mise au point définitive du scénario colonisateur. Doucement, imperceptiblement, par des moyens bureaucratiques savamment dosés, pas trop visibles, la machine occidentale broie un peuple sans défense, assisté, soumis et exsangue. L'ensemble de cette opération s'effectue sous couvert de séductions symboliques porteuses : la protection et la défense des minorités ethniques opprimées ; la mode écologique appuyée ; les tropismes régionalistes vertueux ; les revendications autonomistes et indépendantistes dans le vent ; la bien-pensance des opérations de repentance verbales, d'expiation de principe et de paiements symboliques de dettes. Tout donne l'impression d'un excellent cabinet de communication activé derrière cette machination désolante...

Le tribal a disparu au profit de l'étatique ; l'anarcho-communalisme a laissé place au capitalisme consumériste ; la tradition de l'autosubsistance a été remplacée par le providentialisme bureaucratique des subventions ; le panthéisme païen millénaire s'est fait supplanter par le judéo-christianisme acclimaté ; la langue inuktitut s'est effacée devant l'anglais véhiculaire ; la métaphysique de l'oralité a été pulvérisée par la montée du nihilisme numérique ; l'igloo a fondu devant le baraquement en bois importé d'Amérique ; les chiens de traîneau ont disparu sous la pression d'une armada de skidoos ; la marche solitaire de l'Esquimau ne signifie plus rien à l'heure des quads et autres voitures ou *pick-up* étasuniens ; la famille traditionnelle a éclaté sous la pression d'individualités égocentrées ; la nature primitive est morte épuisée par la culture productive ; l'Inuit viscéral a laissé place à l'homme unidimensionnel. Ethnocide réussi, planétarisation en cours, mondialisation en vue, uniformité à l'horizon...

Le modèle, bien évidemment, ici comme partout ailleurs sur la planète, reste l'Amérique, spécialiste en ethnocides – dont celui, réussi sur le même principe, des Indiens du Nord aujourd'hui parqués eux aussi, perfusés, administrés, bureaucratisés, alcoolisés, sédentarisés, transformés en occasions touristiques, en foires ethnologiques et folkloriques. Les pasteurs, les informaticiens, les professeurs, les administrateurs, tous les individus qui tiennent des postes essentiels chez les Inuits sont blancs – ou blanchis par des Esquimaux qui jouent le jeu de l'Occident pour les avantages qu'il y a toujours à collaborer avec des puissances occupantes. Le Nunavut – « notre terre » en inuktitut – ne préserve pas l'identité disparue, il ne restaure pas le temps perdu, il n'annonce aucun futur, tout juste exprime-t-il la repentance, comme on dit aujourd'hui en de détestables mots, d'un gouvernement qui a compris la plus grande facilité à coloniser par la séduction, la flatterie, la démagogie que par la violence frontale et visible. La contrainte repérable ravage l'image de marque désormais gouvernementale dans nos sociétés médiatiques...

Les enfants passent leurs journées dans les deux magasins du village. Ils regardent les achats qui passent devant la caisse, ils sont plantés là et voient défiler sous leurs yeux les vêtements nécessaires à la protection contre le froid qu'une petite poignée de Blancs imprévoyants viennent acheter en catastrophe, certes, mais aussi les rares fruits et légumes flétris, pourris, extrêmement coûteux – oranges tachées, choux ridés et flasques, carottes moisies, pommes aux couleurs douteuses – qui traînent dans le frigidaire dévasté en attente du passage annuel (!) du bateau.

Les yeux des enfants inuits désœuvrés brillent devant les gadgets, les babioles insignifiantes et inutiles, les jouets en plastique, les icônes post-modernes de l'Amérique contemporaine, héros de dessins animés en plastique, breloques et bijoux fluo en toc, friandises aux couleurs acides, sucreries en quantité. Dehors, les plus délurés demandent des bonbons, puis de l'argent. Pays du tiers-monde, de la mendicité et de l'aumône, terre de sollicitation du Blanc comme d'un distributeur de monnaie, d'un pourvoyeur de pièces avec lesquelles satisfaire le plaisir consumériste et entretenir la demande hédoniste triviale, la terre de Baffin ressemble à s'y méprendre aux pays pauvres, naguère dévastés par les Occidentaux, ravagés, occupés, exploités, réduits à rien.

Une jeune fille superbe – une dizaine d'années, foulard joliment noué sur ses cheveux noirs et mats, l'œil asiatique dessiné comme d'un parfait trait de crayon zen, le sourire à l'avenant, la démarche chaloupante, jean et baskets – suit les touristes à la manière d'une âme prête à se vendre : elle crache toutes les dix secondes, rit bruyamment, demande à se faire photographier, pose, comprend la manne représentée par le Blanc venu jusqu'ici. Le corbeau annonciateur des mythes sibériens croasse bruyamment sur le haut d'un poteau électrique, il communique avec un autre freux non loin perché. Un vieil homme passe, indifférent aux manigances de la petite accompagnée de trois ou quatre enfants de sa génération, moins insolentes, moins racoleuses, moins prêtes à se vendre. L'ancien marche doucement, perclus par les rhumatismes, plié par l'âge, rabougri, rapetissant, penché vers le sol. Dans la pénombre, mélange de jour et de nuit éternels, j'avise ses petits pas, sa solitude brisée, son cheminement vers la sortie, ses pieds traînant sur la terre – puis ses baskets griffées d'une marque américaine...

Chapitre deuxième

Le temps volé : la sédentarité

Le nomadisme gêne, inquiète, il suppose un peuple de vagabonds, d'itinérants, donc de voleurs sans foi ni loi, impossible à traquer, contenir et retenir. Les tribus en mouvement, toujours ailleurs, nulle part, jamais arrêtées obéissent à leurs propres lois qu'elles transportent avec elles, associées à toutes leurs richesses, tous leurs biens – or, pierres, parfums, étoffes, épices, objets du culte, vaisselles précieuses. Le nomade revendique une totale liberté géographique. Il n'aime pas fixer son habitation pour toujours et n'entend pas se contenter d'un seul paysage en sortant le matin de sa maison enracinée.

L'âme dynamique aime lever le camp, étouffer le feu, éparpiller les cendres et prendre la route ; elle aime moins le lieu quitté ou rejoint que le déplacement, la translation, l'état intermédiaire, l'entre-deux. On se rend là où se trouve l'eau, l'herbe, le pâturage, on déplace les animaux, on va chercher les moyens de sa subsistance où elle se trouve, on obéit à la nécessité des migrations pour s'adapter au monde, on subit sa loi, on consent à son destin, on trouve la liberté, et on l'exerce, dans l'obéissance à la nécessité. Les nomades l'ignorent, mais ils sont spinozistes : Deleuze confirmerait...

Les Inuits viscéraux appartiennent à l'archipel de ces peuples, ils se savent morceau d'éternité, fragment de l'énergie qui parcourt le monde et n'existent dans la plénitude qu'une fois construits par les déplacements. Ils procèdent des mythologies pastorales et s'opposent à la paysannerie enracinée. Chasseurs, pêcheurs et cueilleurs se mettent en mouvement au gré des gisements d'animaux, de poissons, de baies à ramasser – au contraire des agriculteurs qui, propriétaires du sol, enracinés, cultivent une terre généreuse, profitent de l'abondance et ignorent l'angoisse de la pénurie. Les uns connaissent l'incertitude, subissent de plein fouet la loi du climat ; les autres composent et disposent d'un peu plus de latitude.

Le nomadisme opposé à la sédentarité génère depuis toujours un conflit métaphysique : cosmopolitisme des voyageurs nomades contre nationalisme des paysans sédentaires, l'opposition travaille l'histoire depuis le néolithique jusqu'aux formes les plus contemporaines de l'impérialisme. Les nomades chérissent par-dessus tout la liberté, ils parcourent de vastes étendues avec pour seul souci de survivre et d'assurer la pérennité de la tribu ; les paysans installés construisent, bâtissent, édifient des villages, des cités, ils inventent la société, la politique, l'État, donc la loi et le droit toujours soutenus par Dieu et la religion.

Le nomade inquiète les pouvoirs. Incontrôlable, il gêne la machine étatique qui quadrille, contrôle, assigne chacun à sa place et à résidence. Toutes les idéologies dominantes exercent leur pouvoir sur le nomade : indéfectiblement, les Empires se constituent sur la réduction à rien des figures errantes ou des peuples mobiles ; le national-socialisme a célébré la race aryenne sédentaire, enracinée, fixe et nationale en même temps qu'il désignait ses ennemis : Juifs, Tziganes sans patrie et sans terre ; le stalinisme russe a procédé de la même manière en persécutant lui aussi les Sémites et les peuples de bergers des républiques caucasiennes ou sibériennes.

Les Inuits eux aussi ont subi la loi de l'Empire américain, la haine des enracinés pour ceux qui voyagent et disposent à leur caprice de la géographie, indexés sur la nature et respectueux de ses seules lois. Leur tort ? Agir et se mouvoir en regard du ciel ou de la neige, de la solidité de la glace ou de la hauteur du soleil dans le ciel. Leur faute ? Préférer les leçons de l'étoile Polaire et les indications des constellations à celles des bureaucraties centralisées. Leur arrogance ? Ignorer la Loi, l'égalité prétendument républicaine, et préférer l'indépendance, la liberté, l'autorégulation, l'insoumission de la tribu à la règle générale. Leur peine ? La mise à genoux, la réduction à rien de leurs coutumes, la fin du nomadisme : la sédentarité obligatoire, la maison sur pied. Prison et déchéance...

Pauloosie raconte ses souvenirs. Dehors, le brouillard enveloppe le paysage, on ne voit rien. La veille au soir, un ours blanc se suivait aux jumelles, on suppose qu'aujourd'hui il rôde non loin. L'heure appelle la nostalgie, les souvenirs racontés et partagés. Dans sa chemise épaisse en tissu canadien rouge et noir il se tient droit. Économie de mouvement, visage fixe, mains croisées, parfois décroisées, puis à nouveau refermées sur elles-mêmes, il parle à voix presque basse. L'inuktitut, dans sa bouche, coule, fluide à la manière d'un filet d'eau claire troublé par quelques aspérités minérales. Les pointes spécifiques, les raretés de gorge nettement audibles, mais l'ensemble coule en jet continu, sans respiration repérable.

Livi traduit en anglais : les anciens chefs de village, les chasseurs fabuleux, les pêcheurs habiles, les peaux de renard échangées contre des munitions, les lois d'équivalence entre le valeureux sur le champ cynégétique et le chef tribal reconnu par tous, les tensions entre ports baleiniers et villages de pêcheurs traditionnels, le jeu des veillées interminables, les oppositions ancestrales entre les communautés aux humeurs irréductibles, le respect des traditions à Kivitu, les désunions à Padloping, le tempérament nécessaire au chef, la force légendaire d'un membre de la famille, les catastrophes – glace qui craque et emporte un père, raz-de-marée qui noie les occupants d'un igloo, chasseur dévoré par un ours...

Puis Pauloosie frappe soudain du poing sur la table en bois, le poing reste collé à la planche, comme magnétisé, enfoncé. Sur ce visage asiatique où ne se lisent ni les sentiments, ni les émotions, les affects, devant l'Inuit interdit qui travaille avec lui au quotidien sur le bateau et traduit ses propos en anglais pour nous les rendre intelligibles, devant les Blancs étrangers que nous sommes aussi, lui, le chef de tribu, le sage, le patriarche reconnu par tous, le chaman mystérieux et le pasteur honoré, lui, le vieil homme rompu à l'histoire séculaire du Grand Nord, il pleure. L'émotion étreint tout le monde. On ne sait pourquoi ces larmes, les mots qui les accompagnent n'ont pas encore été traduits. Personne ne comprend les raisons de ces pleurs, de ces gros doigts qui lentement passent sur les paupières et essuient les yeux, presque en les écrasant. L'air se charge d'une peine que tous partagent avant même d'en connaître les raisons.

Livi traduit. Son malaise grandit, il mange ses mots, accumule des bribes en anglais, sur sa chaise il bouge dans tous les sens et trahit un malaise violent. Puis il parle pendant que le vieil homme continue d'estomper ses larmes : Pauloosie raconte, en 1962, la déportation des populations inuits, les campements désertés, le sien aussi, les individus conduits par la police militaire canadienne et américaine dans des centres de regroupement où on leur avait promis santé, éducation, sécurité, les anciens villages rasés puis détruits, incendiés, les gens qui reviennent sur le lieu de leur existence passée reconduits *manu militari* par les soldats américano-canadiens. Et ce qui déclenche en lui sa peine, son immense et profonde peine : ses chiens de traîneau abattus, sa meute tuée, tirée à bout pourtant, abandonnée sur place dans des flaques de sang...

Dans cette furie ethnocidaire, des objets ont certainement été détruits : masques traditionnels et pierres sculptées, objets du rite chamanique et de la tradition esquimaude, pétrifications et cristallisations du peuple depuis des millénaires. Feu sur l'ivoire, feu sur l'os, feu sur le bois, feu sur les plumes et les peaux, feu sur les constructions, feu sur les chiens, feu sur les vêtements, feu sur les traîneaux, feu sur les harpons et les lances, feu sur les carquois et les flèches, feu sur un peuple, feu sur une mémoire, feu sur un passé, feu sur les esprits, feu sur une terre, feu sur le futur aussi...

Déportations, politique de la terre brûlée, camps de concentration, incendies des lieux d'habitation, soldatesque aux pleins pouvoirs, interdictions soutenues par les armes, abattages et destructions des biens, ces méthodes connues ont fait partout leurs preuves dès qu'un État a décidé d'en finir avec ses minorités ; puis création sur le mode d'un potlatch fantaisiste et symbolique, plus tard, beaucoup plus tard, quand plus rien n'est à craindre des peuples saignés, d'un genre d'entité, de réserve, de compensation – financière, administrative, bureaucratique... –, d'autorité vaguement représentative de la population détruite. Là encore les lois du genre sont respectées...

La suite ? Les villages aujourd'hui visibles, artificiellement fabriqués, n'obéissant à aucune autre loi que le caprice cartographique des autorités canadiennes et américaines – elles-mêmes animées par d'évidents intérêts stratégiques, militaires, économiques, politiques et financiers. La zone permet d'installer des radars naguère utiles à l'époque de la guerre froide, mais encore aujourd'hui pour la défense des intérêts nord-américains. Une ancienne île de baleiniers se trouve balafrée par une piste en dur qui permet aux gros porteurs de décharger des cargaisons de déchets vraisemblablement radioactifs, chimiques, bactériologiques. Le sous-sol a été creusé pour l'enfouissement de ces poubelles modernes, mais aussi pour constituer des réserves de kérosène et de pétrole disponibles dans d'immenses cuves en béton noyées dans le sous-sol creusé naguère avec des bulldozers, des pelleteuses déchargées des avions et reparties avec les militaires qui les accompagnaient.

Un tuyau de pipe-line permettant l'abouchage avec un cargo venu du Canada ou des États-Unis. Il témoigne, sur cette île jonchée par les poubelles des Occidentaux jadis occupés à convertir le morceau de terre en déchetterie à la mesure de l'hystérie des nations post-modernes, d'une activité possible et régulière des autorités militaro-industrielles sur le site. Seuls les Inuits croisent au large, passent à proximité, pêchent dans les eaux côtières et locales, chassent et mangent les gibiers possiblement contaminés sur le lieu. L'ours, la baleine, le phoque, le morse, les poissons pollués ici peuvent se retrouver partout ailleurs sur la terre de Baffin et dans tout l'archipel polaire au gré de leurs migrations.

Sur l'île où se remarquent la tombe ouverte d'une personne au squelette lissé et blanchi par le vent du large, celles des marins baleiniers morts au combat avec l'animal mythique, on trouve un nombre considérable d'ossements : crânes de chiens, côtes de phoques, mâchoires d'ours, vertèbres de baleines, cimetière d'hommes et de bêtes, boîtes rouillées, bottes en caoutchouc abandonnées, chaussures perdues au milieu de la mousse souple et profonde, au milieu des torrents glacés, sous le brouillard vite tombé – géographie prémonitoire et visualisation des effets du mépris des puissances coloniales pour les peuples sans défense de la région.

Au quotidien, ce qui a été détruit par le feu en terre de Baffin a été remplacé par les objets de consommation américains qui pouvaient ainsi développer leur marché et assurer la dépendance par les pièces et la main-d'œuvre, évidemment sollicitée ailleurs qu'en zone inuit. Les motoneiges, les fusils et leurs munitions, les voitures et autres technologies modernes supposent l'assistance, payante évidemment, de la Nation nord-américaine. Fin de l'autonomie des nomades inuits, avènement de la dépendance des sédentaires. L'argent apparaît, puis régule, enfin domine l'ensemble des rapports entre les habitants de l'île.

Certes l'ethnocide réussi n'empêche pas la permanence de quelques tropismes nomades. Ainsi des campements partagés avec Pauloosie et les siens. Sur le lieu d'anciens villages dont il ne subsiste aucune trace, les anciens reviennent, accompagnés de leurs enfants et petits-enfants. Ces familles, nombreuses la plupart du temps, retrouvent le goût du lieu fugace, de la chasse et de la pêche pour se nourrir, elles mangent debout le phoque cru, s'alignent sur les rythmes de la nature, confectionnent leurs boissons avec des plantes prélevées au pied des torrents, retrouvent un peu des habitudes ancestrales et assurent la permanence de la mémoire des anciens.

À l'intérieur des maisons chauffées à blanc, des traces de pêches miraculeuses s'affichent, punaisées au mur sous forme de photos jaunies de l'exploit, en même temps que des images pieuses distribuées par les missionnaires. Tout le monde dort sur un immense matelas fabriqué de pièces juxtaposées et emmêlées à même le sol, odeurs fauves, son de la télévision haut réglé, entrées encombrées de chaussures, vêtements et fusils. Le désordre, c'est l'ordre de ceux qui manifestent ainsi leur façon apparemment momentanée d'occuper pourtant un lieu définitif. Fin des Esquimaux mangeurs de viande crue, fin des Inuits, ces hommes debout, arrivée triomphale de l'Américain moyen plus semblable que dissemblable de son sinistre voisin canadien.

Le Nunavut accède à la demande indigène de normalisation. Les subventions attachent les individus à leur lieu, elles les sédentarisent plus que toute autre contrainte, toute autre force. Faire désirer, via la télévision et ses clichés fabriqués à cet effet, ce que seule l'Amérique du Nord peut vendre, distribuer, échanger, voilà comment se fabrique une dépendance. La relation de sujétion du maître disposant du pouvoir d'achat aux esclaves ne possédant que leur force de travail à prostituer dans une collaboration dégradante s'installe dans la durée. Silence des Inuits possédés, la jeune génération aspire ouvertement à consommer comme sa semblable sise sous des cieux plus cléments et en des températures plus complices.

La fierté d'Atata l'empêche de révéler ce qui transparaît dans les silences, les sous-entendus et les haussements d'épaules : peuple fier et taiseux, renfermé et orgueilleux, il tait sa blessure d'avoir été dépossédé de lui-même depuis 1962. Blessure, fracture, cassure : cette date agit comme d'autres dans l'histoire de l'humanité : Révolution française ou Commune de Paris, État de Vichy ou Libération de Paris, Révolution russe, chute du mur de Berlin, Hiroshima et Nagasaki, Auschwitz et Dachau. La cristallisation de l'Histoire en dates suppose l'existence de basculements, de moments après lesquels plus rien n'est comme avant.

Sans conteste 1962 vaut comme le nombre fatidique, le chiffre maudit, le signe de la catastrophe impossible à réparer. Car de quelle manière réparer ? Sûrement pas avec les logiques qui triomphent actuellement : pitié et repentance, regrets et indemnités, pardons et contrition, puis dédommagements, subventions, équivalences offertes en monnaie sonnante et trébuchante. Combien pour la meute des chiens assassinés de Pauloosie qui pleure encore quarante années après ? Combien de dollars canadiens pour le village rasé, celui de son enfance, de son adolescence et de ses souvenirs, celui de ses parents et des siens ? Combien de chèques pour la radioactivité, la pollution chimique et biologique de la terre de ses ancêtres ? Combien d'or pour l'ethnocide, l'anéantissement de la civilisation ? Combien de fonds pour justifier les installations d'espionnage militaire sur le haut des falaises en terre de Baffin ? Combien de numéraires en contre-don conséquent pour le réchauffement de la planète fabriqué par les nations riches, aux technologies polluantes et dangereuses ? Combien de recettes pour compenser l'effondrement des gains autonomes que permettaient les commerces de peaux de phoques destinées à la fourrure et aux peausseries vitupérées et stigmatisées par quelques bonnes consciences offusquées d'un animal tué, mais ne bronchant pas devant la mort d'un peuple, d'une civilisation et d'une culture ?

L'argent ne changera rien à la tristesse des anciens et à l'avidité insatiable des jeunes, ni même à la disponibilité pour la prostitution de cette nouvelle génération apparemment sans repères, sans identité propre et prête à tout pour singer le modèle fourni par le petit écran, seule ouverture sur le monde dans ces terres où rien ne vient et d'où rien ne part. L'argent ni le Nunavut ne suffisent à panser les blessures. Car cette concession identitaire agit en ruse de la raison ironique pour cacher par le clinquant et le visible à même de jeter la poudre aux yeux la mort annoncée et presque effective d'une poignée d'hommes et de femmes qui ne demandaient rien d'autre que la possibilité, sur leur morceau de terre inhospitalière, de continuer à vivre comme leurs ancêtres en préférant la liberté dans l'austérité plutôt que l'abondance dans la contrainte. Permanence de l'antagonisme entre le loup et le chien du fabuliste...

Chapitre troisième

Le temps épuisé : le nihilisme

Le 21 janvier 1968, de l'autre côté de la baie de Baffin, à quelque six cents kilomètres à vol de goéland, à peu près, le ciel rougeoie pendant une vingtaine de minutes, d'immenses explosions retentissent, un incendie ravage Thulé, la banquise fond sur une incroyable surface, des débris de fer et de feu retombent sur le sol groenlandais : un bombardier américain vient de s'écraser non loin de la base nucléaire où il effectuait en secret des missions de reconnaissance. Un incendie ravageant le système électrique a transformé l'avion en projectile aveugle. Six membres d'équipage sur sept réussissent à s'éjecter, mais l'ultime occupant ne peut rien faire : à 900 km/h, le B 52 percute la calotte glacière avec quatre bombes thermonucléaires sous les ailes.

Plus de cent trente mille litres d'essence s'enflamment, les explosifs conventionnels de trois bombes sont mis à feu. L'atmosphère et l'eau se chargent en doses monstrueuses de plutonium, d'uranium, d'américanium, de tritium sur presque vingt kilomètres carrés... Une quatrième bombe se perd, tombée par le fond. La chaîne alimentaire est contaminée, les fonds sous-marins, le sol, les Inuits aussi qui, spontanément, viennent aider à ce qui n'est pas vraiment présenté comme une opération de décontamination. Jean Malaurie qui, seul et sans relâche, persiste à conserver la mémoire de ce drame, raconte les morts et les cancers, les maladies suspectes, les silences et résistances de l'administration américaine, puis la complicité de la presse française pour taire alors l'événement. Lire et relire *Hummocks*. Feu, donc, sur cet endroit du monde où se jouaient les premières heures de la guerre des étoiles, où se tramait le théâtre à venir des hystéries nucléaires.

Cette histoire résume la façon dont, avant-hier, hier et aujourd'hui, l'Amérique du Nord considère les Inuits, leur culture, leur civilisation, leur existence. Quantité négligeable, ces hommes valent et comptent pour rien, ils ne représentent rien, ils ne pèsent rien, ils ne sont forts d'aucune division. Alors pour quelles raisons les tenir en respect ou en estime ? Pourquoi donc leur reconnaître le minimum de dignité puisqu'ils ne disposent pas des moyens de revendiquer, se rebeller ou gêner la progression impérialiste des puissances du dollar et du mode de vie américain ?

Sous le signe de la catastrophe, le peuple inuit continue son calvaire. Plus doux, moins visible, moins apocalyptique, du moins aux antipodes du spectaculaire d'un feu nucléaire, le quotidien subit le malheur d'un genre de tumeur envahissante, impitoyable, radicale et mortelle. Maladie des civilisations mortelles accélérée par des agents de décomposition très actifs... L'écho de l'explosion de Thulé, les radars américains dressés, arrogants, l'île transformée en dépotoir pour les déchets mortifères venus des États-Unis et du Canada, les atmosphères chargées des nuages toxiques venus des pays riches et industrialisés, le réchauffement de la planète, la pollution des eaux et du sol : voilà les cadeaux offerts par les Blancs aux Inuits. En plus du ridicule Nunavut obtenu grâce au renoncement esquimau à la souveraineté, l'indépendance et l'appropriation des terres...

La lecture du journal montre sans ambages dans quels cloaques croupissent la terre de Baffin et ses habitants. Dans l'ours – polaire, bien sûr... – du quotidien, tous les acteurs de l'entreprise affichent des noms anglo-saxons. Sauf deux, qui traduisent les propos des journalistes en langue inuktitut... Peut-on plus cyniquement montrer qu'une presse se fabrique avec les colons, sur place, et se diffuse avec la collaboration de quelques passeurs – ne disons pas collaborateurs –, à l'aide desquels les messages circulent entre l'autorité et les populations sur lesquelles elle s'exerce ? Au moins, là, la presse s'affiche pour ce qu'elle est : une machine à produire de l'idéologie, à la conforter, à entretenir les systèmes en place qui s'auto-engendrent.

Que dire du journal local ? Qu'il expose sous forme de faits divers la décadence et le nihilisme d'un peuple abaissé au rang des nations détruites, exsangues, vidées de leur substance et tout entières soumises aux caprices de la pulsion de mort, de la négativité, de la destruction et du mal. Des homicides, des crimes sexuels, de la drogue, de sordides histoires de mœurs, des suicides, de l'alcoolisme, des incarcérations, des jugements de tribunaux, des nouvelles tragiques, sinistres. Pas de positivité du genre promotion d'un Inuit au poste de magistrat, de directeur, de responsable ; pas de réjouissances, mais le constat d'un quotidien réductible aux aléas d'un temps voué aux effets pervers du mode de vie occidental.

Partout les chiffres de ces catastrophes dépassent ceux du Canada : cinq fois plus de crimes violents, trois fois plus de cannabis, sept fois plus d'agressions sexuelles, six fois plus de morts volontaires, mais aussi une mortalité infantile du double de celle du continent américain, des parents adolescents trois fois plus nombreux qu'ailleurs sur la terre canadienne. L'espérance de vie est moindre, les maladies de civilisation se sont considérablement accrues : cancers, diabètes, obésité, pathologies cardio-vasculaires touchent violemment ces populations qui, bien évidemment, manquent d'infrastructures hospitalières dignes de ce nom...

Le conflit entre le temps allogène et le temps indigène produit ce temps nihiliste : pas de valeurs, plus de valeurs. Celles de la culture inuit relèvent d'une époque révolue, celles de l'Amérique et des pays riches d'un monde inaccessible puisque payantes, achetables, monnayables. Consommer, avoir, posséder, disposer d'objets, de biens de consommation, de gadgets, de babioles : tout vise la réalisation de ces pitoyables desseins. Ressembler à l'Américain montré à longueur de journée sur le petit écran, mangeur de corn-flakes, coiffé de cette ridicule casquette à longue visière devenue planétaire et portée à revers, dernier chic mondial, les oreilles en prise directe avec un walkman, les vêtements griffés aux marques promues lors des épreuves sportives retransmises à la télévision, voilà les aspirations. Rien d'autre.

Le grand écart entre ce désir impossible à satisfaire et la réalité arctique, austère, rude, fabrique une frustration monumentale. L'Américain emblématique fonctionne à la manière d'un mythe inatteignable. Sur la terre de Baffin plus personne n'a envie de ressembler à un ancêtre... Viser les valeurs d'un chasseur habile ou d'un pêcheur fantastique ! Ridicule... Tendre à la sagesse, à l'harmonie ou à la paix ancestrales des Esquimaux ! Ineptie... Croire, en ces heures numériques et planétaires, aux histoires de baleines, d'ours ou de phoques qui parlent aux humains ! Balivernes... Devant le monde ancien, effondré, et face à l'absence de monde, autre que la fiction promue par les médias au service des Américains, l'angoisse, l'anxiété, la violence tiennent l'avantage.

L'alcoolisme, par exemple, a tellement ravagé la civilisation inuit qu'en terre de Baffin la consommation en est absolument prohibée. Le marché noir triomphe, les échanges, le troc avec les artistes locaux permettent de faire entrer chez soi des alcools forts avalés d'une manière suicidaire comme une violence retournée contre soi, dans un esprit d'autodestruction, d'annihilation de soi et de sa conscience : boire pour ne pas voir et se perdre, boire pour oublier sa condition, son statut. On ne consomme pas pour les plaisirs légers de l'ivreté ou de la griserie mais pour satisfaire la pulsion de mort destructrice, sombre et désespérée. Dès l'arrivée à l'aéroport, derrière la porte du seul hôtel du village, la prohibition est rappelée, placardée, affichée. On prive ce peuple d'alcool comme on punit les enfants en leur interdisant l'accès à l'armoire aux confitures. Humiliant...

La drogue, bien sûr, circule également. Du moins pour ceux qui disposent des moyens de s'en procurer. Dans la conversation avec tel ou tel Inuit trentenaire, la demande apparaît après quelques moments de complicité, de confidence et d'intimité : est-on venu avec de quoi faire des pétards ? A-t-on dans sa valise de quoi fabriquer ce qui, sur place, se vend à des sommes prohibitives ? D'où, évidemment, un vol fréquent des Blancs de passage. Une visite du baraquement dans lequel nous avions installé nos affaires le premier soir nous a été présentée comme tout à fait possible. Et les passages de tel ou tel venu pour vendre un peu d'art local visaient aussi, nous a-t-on dit, à repérer les lieux pour envisager la présence ou non d'alcool sinon d'objets à faucher, d'argent.

Qui d'ailleurs les blâmerait de prendre simplement, ici, dans le bagage de l'Occidental ce qui manque cruellement chez eux et fait sans cesse l'objet d'une publicité ou d'un désir sollicité à la télévision ? Pour ceux qui ne disposent pas des moyens d'acquérir du cannabis, reste l'essence du skidoo sniffée dans un sac en plastique jusqu'à ce que la conscience de soi, l'ennemie principale des Inuits, s'envole, diluée dans les vapeurs qui détruisent à toute allure les neurones et ravagent les capacités intellectuelles de ceux qui s'y adonnent...

La mise en danger de son existence peut aller au-delà du tabagisme, de l'alcool et des drogues. Le nombre de suicides, notamment chez les jeunes, témoigne en ce sens. Dépourvus de valeurs et de points de repère, sans objectifs nettement définis et encore moins réalisables, les adolescents ne peuvent rien envisager qui les motive : travailler ? Où, dans quel secteur, pour quoi faire, pour quels salaires quand les subventions permettent aux deux tiers des Inuits de survivre dans l'oisiveté la plus intégrale ? Quitter le pays, pour aller où ? Dans quel ghetto nouveau, plus désespérant peut-être encore ? Pour risquer la prolétarisation, la marginalisation, la prostitution – dont je crains qu'elle devienne une solution, la seule possible, pour les femmes dans le même état de fragilité intellectuelle, mentale et morale.

La sexualité est devenue problématique. D'abord parce que le nombre très limité d'Inuits oblige de fait à la consanguinité, mais aussi parce que la concentration des populations dans des villages isolés, séparés par d'incroyables distances, sans communications possibles, contraint à l'endogamie, aux croisements génétiques inévitables et dangereux. Les familles nombreuses, les proximités qui offrent autant de promiscuités dans des espaces confinés, tout contribue aux rapports sexuels nihilistes et aux enfantements monstrueux. Les brassages de population avec les commerçants venus de l'étranger, les pêcheurs de baleines irlandais – aux descendants encore repérables dans les villages –, les ethnologues ou les prêtres, intéressés par plus que l'âme des Inuits, ont fourni jadis l'occasion d'un mélange des sangs bienvenu. On chercherait en vain ce qui, aujourd'hui, offrirait les mêmes chances.

De sorte qu'en matière de sexualité de proximité, les cousinages éloignés représentent les hypothèses les plus favorables quand l'inceste pur et simple désigne le pire. Avec le viol. Les crimes imputables aux mœurs ont considérablement augmenté dans le dernier quart de siècle. Les tribunaux n'en traitent qu'une infime partie, comme toujours en pareil cas. La misère sexuelle, invisible, cachée, vécue dans les zones les plus sombres et les plus primitives de la psyché esquimaude, travaille chacune et chacun, fragilise son identité, détruit son humanité. La violence ramène aussi les corps sexués aux marchandises produites comme des modèles depuis plus d'une génération.

L'oisiveté triomphe. Et avec elle les subventions de l'État canadien. L'argent coule à flots comme un hypothétique remède à la culpabilité et à l'impéritie de l'administration nord-américaine. Distribuer des enveloppes, augmenter la bureaucratie à dessein de permettre les répartitions, sous d'hypocrites et fallacieuses raisons créer de toutes pièces le Nunavut pour en faire, finalement, la machine à même de relayer le pouvoir central générateur de ces fameuses richesses octroyées, voilà le système général de mendicité et d'assistance élargi à l'ensemble du territoire. La sujétion s'achève avec cette relation humiliante apparemment humaniste, réellement méprisante et méprisable.

Entretenu dans la situation d'un peuple déboussolé, ignorant ses traditions, coupé de son identité, vidé de sa substance, perfusé par l'éden psychotrope diffusé par la télévision, véritable instrument d'abrutissement des masses, ici comme partout ailleurs, mais tellement plus ici quand elle triomphe en unique cordon ombilical avec le reste du monde, l'Inuit attend. Il tue le temps, se voue au néant, au rien, il passe les journées dans l'indolence, privé d'alcool, réduit aux substances hallucinogènes de fortune, obéissant à la sexualité la plus élémentaire, volant parfois, mendiant un peu, troquant ses petits objets de misère contre quelques colifichets ou objets venus de l'autre côté des montagnes.

Le temps passé, perdu, le temps présent, insane, le temps futur, vidé, reste à ce peuple autophage le destin de tout ce qui vit et a vécu sur terre : une mort prochaine, dans l'indifférence de tout ce qui, à côté, ailleurs sur la planète, survit mais mourra aussi bientôt. L'uniformisation guette, la planétarisation vit de ces destructions, elle les crée, les entretient et met toute la puissance du capitalisme libéral au service de cette mondialisation qui lui permet le gouvernement universel des choses, des biens, des richesses, des peuples, des idées et des hommes. Bientôt le Divers aura succombé, il ne restera plus rien, sinon le mode de vie américain étendu aux dimensions de la planète – autant dire moins que rien.

CODA

Sérénité

Entre cercle polaire franchi et désir de baleines rares, blancheurs mystiques absentes et cabotages parmi les icebergs bleus, eaux glacées, noires, et déserts de froid, sous les brumes inquiétantes, le ciel bas presque touché du doigt, parmi les minéralités austères et conquérantes, abandonné aux solitudes ascétiques et météorologiques revêches, narvals en ombre et dents torsadées parmi les fonds, fausses douceurs d'Inuits aux âmes errantes travesties en ours blanc et phoques nageant dans leur sang carmin, le Grand Nord – le pôle Nord paternel – a surtout raconté des silences, des vents glacés sculpteurs de larmes au coin des yeux, des sous-entendus joyeux, des complicités viscérales. Des bonheurs à peine montrés, presque cachés, des pudeurs avérées, des certitudes admirables.

Un matin blanc, saturé d'un brouillard étouffant les sons, sur la barque qui traversait une eau lisse aux reflets d'acier, en direction du bateau ancré dans la baie, resté sur la berge je n'entendis que le clapotis de l'eau, doux, lent, mat, et la voix de mon père s'adressant à Pauloosie. Mots coupés, taillés par l'air vif, inaudibles, incompréhensibles. Je songeais à la traversée du Styx, l'or sous la langue, ultime voyage. Puis un rire de mon père parvint jusqu'à moi. Apaisé, calme, serein, j'eus la certitude que ce voyage culminait là, dans le savoir que les corps cheminent vers une paix blanche, vers une sérénité confondue au temps du survivant : le dernier qui aime et subsiste tient les cordons de l'éternité.

Pour mémoire

En 1992 j'écrivais ceci, qu'on peut lire dans le premier tome de mon journal hédoniste, *Le Désir d'être un volcan* :

LE CORPS DE MON PÈRE

D'abord, l'odeur grimpait l'escalier, et c'est elle qui me réveillait dans mon lit : le café noir, cuit et recuit, aux effluves de caramel brûlé pour la raison qu'il chauffait en permanence sur la fonte de la cuisinière à bois. Mon père nourrissait le fourneau avec des bûchettes et des rondins qu'il fendait dans la cave, le soir. J'entendais les coups sourds qui venaient de derrière les murs, étouffés, réguliers, cadencés. Le fer de la hache séparait en deux morceaux les billes de bois posées sur une vieille racine marquée, cicatrisée de traits et destinée à accueillir les pièces sacrifiées. Je n'avais guère le droit de stationner à proximité, car les coups assenés étaient suffisamment violents pour faire dangereusement voler les éclats dans le petit espace de la cave. L'odeur était humide, la terre battue. Les bras de mon père étaient puissants, sa force m'impressionnait, elle contrastait avec son calme et sa douceur.

Paradoxalement, sa sérénité était manifeste jusque dans ce geste puissant : économie de mouvements, efficacité du tombé de l'instrument, régularité des reprises. Lorsque les morceaux étaient allés ici ou là, autour du billot, mon père les ramassait, les entassait dans ses bras, en un petit tas régulier – une brassée. Puis il fermait la porte de la cave, revenait à la cuisine, et déposait son tribut au pied du fourneau incandescent. La chaleur saturait la petite pièce, elle semblait faire danser l'air de l'atmosphère. Dans cette cuisine, nous vivions en permanence : pour les petits déjeuners, les déjeuners et les soupers, les bains pris dans une bassine métallique, les leçons et les devoirs, les fêtes et le tout-venant, les jours de bonheur et ceux de tristesse, les étés chauds et les hivers glacés, les nuits d'insomnie et les journées banales. Moins de vingt mètres carrés pour une existence à quatre.

Mon père, c'est d'abord ce fumet de café, sécurisant et doux, un peu fade, qui me disait, au fond de mon lit, la demi-heure qui me restait avant le lever à proprement parler. Je consacrais ce temps à laisser vagabonder mon esprit, à penser à tout et à rien, à réfléchir à de minuscules problèmes, à imaginer, rêver. À savourer la quintessence du temps mesuré, heureux dans la chaleur des draps, avant celui du dehors, plus froid, plus rigoureux – car la chambre où nous dormions tous n'était pas chauffée. À quelques mètres de la maison, sise ruelle des Soupirs, il y avait l'église et son clocher qui racontait toutes les quinze minutes où nous en étions du temps. La nuit, j'y mesurais déjà mes insomnies et les ponctuations de mes pérégrinations nyctalopes.

Si le café racontait mon père, la nuit, les petits matins et le sommeil qu'on n'en finit pas de tirer, comme les Parques leurs longs fils, d'autres odeurs restent également associées à lui. Moins socialement acceptables, mais tout aussi logées dans mon âme, du côté des souvenirs et des mémoires ancestrales, c'étaient les effluves sales du purin, cette épouvantable rémanence d'excréments de porcs qui imprégnait le tissu de ses vêtements de travail, malgré l'immense propreté qui était la sienne. Lavé, rincé, décapé, mais vêtu de ses bleus, le midi, il portait avec lui les mauvaises senteurs des sanies animales : elles pénétraient tout, la trame des tissus, les cheveux, la peau, malgré les lavages.

D'autres fois, quand l'épandage avait pris fin, c'était l'odeur tout aussi infecte de l'ensilage, du maïs pourri, cette infection donnée en pâture au bétail. À d'autres moments, les traces nauséabondes étaient produites par les engrais, fabriqués avec les cadavres d'animaux, charognes asséchées et pulvérisées recyclées par les équarrisseurs. Enfin, ce pouvait être, aussi, les bouses de vache qui séchaient, collaient aux vêtements pendant plusieurs jours quand, les séances de vaccinations vétérinaires venues, il fallait enclore les animaux, les parquer, les déplacer, gérer leurs mouvements de l'herbage aux cages métalliques dans lesquelles elles déféquaient, effrayées, avant qu'on ne les rende à leur liberté. Avec le temps, toutes ces odeurs finissaient par disparaître. Elles saturaient l'espace, dès que mon père entrait dans la cuisine, puis plus rien, une olfaction décérébrée, une zone blanche et neutre. Je ne voyais plus que sa figure propre et sereine, son corps lent et silencieux : l'œil qui mangeait tout ne laissait plus de place au nez.

Dans la maison, aussi petite qu'un modèle réduit pour poupées, il n'y avait ni salle de bains ni douches. Les toilettes étaient dans la cave, et, pour y parvenir, il fallait sortir dehors, faire quelques mètres. La nuit, la sortie s'effectuait dans l'intimité des pleines lunes, de leurs quartiers, des croissants, des mouvements de nuages et des traînées laissées dans le ciel par les étoiles filantes. L'été, elle était saturée des parfums venus des champs, les grains moissonnés dans la poussière, les herbes fraîches dans lesquelles chantaient grenouilles et crapauds. L'hiver, on entendait un chat-huant souffler dans les hautes tours du château médiéval qui domine le village et les pas craquaient dans la neige gelée où l'on s'enfonçait. Quitter la chaleur du lit supposait qu'on se fasse transpercer la chair et l'âme par le froid. Aussi, dans la chambre, un seau en émail permettait qu'on n'ait pas à sortir pour les seules urgences liquides... Je me souviens du jet d'urine de mon père, au beau milieu de la nuit. Il faisait un bruit dont je connaissais le rythme et qui, dans ma mémoire, se trouve aujourd'hui par-delà la pudeur, du côté des nécessités et des promiscuités qui n'étaient que la proximité des pauvres démunis d'espace et de temps.

Les corps étaient donc lavés dans une immense bassine en zinc. Les paillettes de l'alliage produisaient brillances et scintillements, suivant qu'on les regardait d'une manière ou d'une autre, dans la lumière drue, rasante ou effleurante. Ma mère faisait chauffer l'eau qui bruissait, chantait en bulles qui venaient crever à la surface. La vapeur, épaisse, enveloppante, s'étendait dans toute la pièce. Elle versait le liquide brûlant et le bruit se modifiait en fonction du remplissage : du jet sec au bouillon généreux. Mon père y ajoutait de l'eau froide pour obtenir une température ad hoc. *Il attendait pieds nus sur une serviette dépliée à même les pavés en terre. Ses orteils me paraissaient démesurément longs, et d'autant plus étonnants qu'ils étaient tous surmontés de quelques poils clairs.*

Dès la bonne température, mon frère et moi étions conviés à quitter la pièce pour un ailleurs où il serait impossible de voir le corps du père : la chambre ou le garage. Le temps du bain, il nous fallait nous occuper et ne pas mettre le nez dans la cuisine transformée en salle de bains. Pourtant, pour l'avoir entr'aperçu lorsqu'il se déshabillait, le soir, je savais le corps de mon père étonnamment blanc, sauf sur les avant-bras et le visage que le soleil cuisait, brûlait, tannait. Les rayons dessinaient dans l'encolure un angle net, une forme de V et, sur le front, une ligne droite, horizontale : la démarcation entre ce que la casquette protégeait et le reste. La nudité de mon père longtemps fut pour moi cette double géographie : ces terres blanches et ces zones arides, cette carnation lactée et ce cuir brun, cette ombre douce et cette lumière crue. Le jour et la nuit, la vie et la mort. D'un côté, ce que le tissu des vêtements cachait, de l'autre, ce qui était exposé à l'air, au vent, au froid et à la morsure solaire.

Dans le monde où mon enfance se déplia, la tendresse ne se disait pas. Ni par les mots ni par les gestes. De sorte qu'il m'est facile de me souvenir de l'une des deux ou trois reprises où mon père dérogea. C'était fin juin 1976, je venais d'avoir mon baccalauréat, j'avais dix-sept ans. L'été donnait sa meilleure lumière, sa chaleur qui me ravit toujours autant. Je n'avais guère travaillé cette année-là. En dilettante, d'ailleurs, je souhaitais plutôt échouer pour me donner une année de battement, non loin de celle qui préoccupait, sinon tourmentait alors mon esprit. Contre toute attente, le rattrapage me fut favorable et j'empochai de justesse un diplôme qui, pour mes parents, signifiait quelque chose : le baccalauréat, un sésame, une couronne de laurier, une médaille olympique, de toute façon plus que toute autre chose, car, par exemple, plus tard, mon doctorat fit moins impression. Toujours est-il que, le *soleil aidant, j'avais décroché l'occasion de véritables vacances, dans le genre repos du guerrier.*

Apprenant mon succès, mon père sourit, posa sa main, comme en une onction, sur ma tête, sur mes cheveux. Je sentis son poids, son épaisseur, les doigts dans leur détail, la paume, sa surface, le presque abandon mais la retenue, toutefois, dans le poignet. L'immobilité lourde de son geste trahissait à la fois une peur de mal dire, mal faire, de briser ou de casser quelque chose, et une vérité sans détour, sans ambages. Aucun mot n'accompagna le geste, aucune durée, non plus dans celui-ci qui, malgré tout, devint pour moi de la matière dont on fait l'éternité. Mon corps fut ému et traversé par l'influx de mon père, sa paix, sa joie secrète, silencieuse et profonde. Le temps d'un instant, je suis devenu sa fierté. Éloquent dans son mutisme, il sourit, laissa sa main, là, presque sur mon front, le temps que d'autres auraient mis à faire une phrase brève. Lorsqu'il reprit son geste, parce que l'éternité ne peut durer plus que de raison, je sentis dans mes cheveux sa peau rêche et calleuse qui en arrachait quelques-uns. Depuis, dans chacune des mains de Picasso ou de Fernand Léger, je vois les siennes, même si je sais que mon père n'a plus d'auriculaire gauche, car il le perdit dans un accident qui aurait pu lui être fatal en tâchant de retenir le cheval emballé qui l'emportait dans le tombereau attelé, lequel s'écrasa sur un mur, broyant le doigt. Parfois, je me dis qu'en un endroit du monde, des os de mon père sont séparés de lui, partie de lui déjà morte.

Souvent je me demande si mon goût pour les mots ne vient pas, de manière réactive, de mon attente toujours déçue d'entendre mon père me parler, me dire, me raconter. Bavarder n'est pas son fort, ni parler pour ne rien dire. Ni d'ailleurs parler pour dire quoi que ce soit. Taciturne, il aime être dans la nature comme les minéraux ou les plantes : à leur place, sans gémissement ni contentement, sans récrimination ni satisfaction. Ici et là, obéissant à une sorte de nécessité qui est pour lui fatalité. C'est d'ailleurs l'un de ses mots de prédilection : fatalement. *Le mutisme, chez lui, était porté à son incandescence. Au point, d'ailleurs, qu'il me semble que je pourrais presque me souvenir de la totalité de ce qu'il m'a dit dans mon enfance.*

Lorsque je l'aidais, dans le petit champ qu'il cultivait, notamment à l'époque où il fallait planter les pommes de terre ou les arracher avec une binette et un lourd panier en fil de fer que je traînais derrière moi, je ne cessais de lui poser des questions. Il ne cessait de me demander d'être un peu silencieux, avec une gamme qui allait de la gentillesse bienveillante, au début, à l'énervement malgré tout contenu, à la fin. Je l'interrogeais sur ses parents, que je n'ai pas connus, sur son enfance, sur la raison pour laquelle les alouettes montaient dans le ciel en s'époumonant avant de se laisser tomber comme des pierres, pourquoi l'on entendait si distinctement les cloches qui sonnaient dans le village à quelques kilomètres. Je lui demandais ce qu'il aurait aimé comme métier s'il n'avait pas été ouvrier agricole, si son travail lui plaisait, dans quel endroit du monde il aurait aimé se rendre si on lui avait offert une destination à son choix, quelle était la ville la plus éloignée de notre village qu'il eût visitée. Et il répondait, évasif, bref, concis, précis, économe. C'est ainsi que j'appris qu'en guise de pays magique, à connaître grâce à une baguette d'enchanteur, il avait choisi le pôle Nord... Ce qui, pour moi, est toujours un mystère, encore aujourd'hui. Pendant que je le pressais de questions et qu'il éludait au mieux, je regardais ses gestes, ses mains, ses bras, ses doigts, le détail des mouvements de chaque partie de son corps. J'admirais, moi qui étais tout tordu avec mon panier, qu'il fût cassé en deux, comme à l'équerre, les jambes raides et tendues, droites, le buste penché, faisant un angle parfait, les bras effectuant leur geste, précis et efficace : un coup de binette, de la terre enlevée ici, faisant un petit tas là, juste le temps, pour moi, de lancer ma petite pomme de terre au milieu du petit cratère, dans le rythme et avec la cadence, de sorte que le coup suivant permette un nouveau trou, dont la terre servait à combler le précédent. Et ainsi de suite. Il avançait, ses pas étaient réguliers, sa progression aussi ; je titubais, mes pas étaient désordonnés, ne parlons pas de progression. Lui, silencieux, moi, étourdissant de paroles.

Chacune des occasions qui me fut donnée de planter des pommes de terre, ou de travailler avec lui dans le champ, me permit de constater que, s'il parlait peu, mon père disait ce qu'il faisait et faisait ce qu'il disait. Ainsi promettait-il quelque chose pour mon aide au travail de la terre : « Toute peine mérite salaire », disait-il. Et j'avais toujours le loisir de constater que le geste était joint à la parole. Presque rien, peu de chose, mais une preuve que les mots doivent énoncer et annoncer ce que l'on va faire, et qu'il s'agit de respecter la parole donnée. Mon père ne me fit pas beaucoup de promesses dans mon existence d'enfant, mais il les a toutes tenues. Ce n'est que plus tard, sans lui, que j'appris que les mots peuvent aussi servir pour de moins honorables causes.

Parfois, en guise de récompense, mon frère et moi lui demandions qu'il fasse bouger son biceps. Il levait la manche de sa chemise et je voyais la ligne de démarcation entre le bronzage des mains, de l'avant-bras et la carnation blanche de son bras. Puis il le pliait doucement. Avec puissance et force, il ramenait son poing vers son épaule. Alors nous étions impressionnés et fiers, car la boule de muscle faisait saillie, ronde, dure. J'aimais toucher, d'abord avec un doigt, comme on touche un objet dont on ignore la consistance, puis, parce que le muscle résistait, dur comme de la pierre, avec toute ma main, ainsi qu'on essaie en vain d'éclater un ballon de baudruche. Et je constatais, une fois de plus, que la force de mon père n'avait qu'à être sollicitée pour apparaître. Fierté de petit enfant...

Bien souvent, ces muscles-là avaient travaillé une journée durant à des mouvements répétitifs et aliénants : charger et décharger des sacs de grain ou d'engrais pendant plus de huit heures. Le soir, il calculait que deux ou trois tonnes lui avaient brisé le dos, arraché l'échine, torturé la colonne vertébrale. Exténuée, au bout de la table, la force demandait réparation, en silence, comme une évidence. Il mangeait sans un mot, telle une mécanique. Je sentais, dans ma propre chair, sa fatigue, son épuisement, sa carcasse fourbue. Parfois, me découvrant tétanisé, blessé, j'imaginai pouvoir prendre en charge un peu de sa douleur et de sa peine. C'est à cette époque que j'ai mesuré l'impossible communication entre les chairs. Dans les meilleures hypothèses, seules les âmes s'effleurent, car le solipsisme est la règle. On n'a jamais supprimé un gramme de souffrance à qui que ce soit en se couvrant de douleur : avec ce mauvais calcul, on ne parvient qu'à la macération, à l'ajout de négatif au négatif.

Les tâches pénibles avaient fabriqué son corps à leur mesure : petit, râblé, sa musculature, développée quand il était jeune, avait stoppé la croissance osseuse. À vingt ans, il portait cent soixante-cinq kilos sur les épaules : deux sacs de cinquante et un copain de soixante-cinq. Autant dire qu'il sculpta sa silhouette, je dirai, à son corps défendant. Aujourd'hui, lorsque je le vois marcher, un peu en dodelinant, comme chaloupé par un poids qui n'est plus sur ses épaules, mais dont sa chair a vraisemblablement conservé la mémoire, je sens un pincement au cœur, une émotion, une petite peine.

Lorsque je le surprends, dans le village où j'arrive sans m'être annoncé, et qu'il traverse le bourg, la tête penchée, le visage vers le sol, le regard perdu sur les trottoirs où il marche, je me demande toujours à quoi il peut bien penser, ce qu'il a dans l'esprit au moment précis où je le regarde, quelles idées le préoccupent, le soucient, le distraient. Quelles images et quels souvenirs, quelles vitesses, quelles cadences, quelles émotions, quelles réflexions. Je ne sais. Je ne saurai pas, je ne saurai jamais. Sa démarche est lourde, comme s'il devait encore et toujours se défaire d'une terre de labour, marchant dans des sillons gras, la glèbe collant à ses pieds. Ses épaules oscillent, comme en un roulis, gîte, tangage, mouvements qui conduisent son corps sur une onde imaginaire, improbable.

Sa silhouette est figée ainsi, comme elle l'était, à l'époque où il se rendait à son travail en mobylette, d'une autre étrange manière : étonnant cavalier sur une monture singulière, il ne variait pas dans sa façon d'enfourcher l'engin ni de le conduire. Sa posture ne changeait jamais, une jambe tendue, l'autre repliée, le torse droit, la tête légèrement inclinée, sa casquette avec la sempiternelle visière relevée et son visage impassible, quelles que soient les circonstances. En hiver, je souffrais de le voir partir, même emmitouflé de vêtements qui finissaient par être troués, puis rapiécés et enfilés les uns sur les autres. Debout dans l'embrasure de la porte, j'avais froid et je le regardais partir dans l'air glacial et le vent coupant : il allait passer sa journée dehors dans des températures polaires.

Le soir, quand il rentrait, son nez était gelé, rouge. Deux grosses gouttes d'eau claire perlaient. Il enle-

vait ses gants en peau de mouton, ses bottes en caoutchouc, ses grosses chaussettes de laine, posait tout cela sur un journal déplié, grand ouvert sur le carrelage. Puis il plaçait une chaise devant le fourneau, ouvrait la porte et rentrait ses pieds dans le four en attendant de les dégourdir, puis de leur redonner une température décente. Il lui fallait longtemps avant de retrouver une circulation sanguine qui ne soit pas douloureuse. Dans le cadre du four, ses deux pieds nus, blancs, faisaient comme des marionnettes. Il remuait tous ses orteils, dans le désordre, comme Guignol les têtes de ses figures de théâtre.

Au moment de la moisson, l'été, parce que la saison l'exigeait, mon père travaillait presque nuit et jour, puis il terminait ses journées au bord de l'épuisement. Ses nuits n'étaient guère longues, trois ou quatre heures, parce qu'il fallait repartir prendre sa place dans le ballet des moissonneuses-batteuses, des tracteurs, des allées et venues dans la poussière de balle et de paille. Dans la nuit, le matériel agricole qui allait en procession livrer les grains à la coopérative illuminait la campagne : feux jaunes et blancs, luminosités brutales, dans les champs, sur le bord des routes, dans le vacarme des moteurs d'engins et dans le tourbillon de particules en suspension. Dans cette violence fuligineuse, on voyait les rais de lumière comme des coups de sabre, des zébrures d'acier. Et la moissonneuse apparaissait, jaune dans le nuage et le bruit, elle allait et venait dans un ballet gracile, manœuvrait en bout de pièce, partait et vrombissait dans la nuit, laissant derrière elle le souvenir d'un monstre avalant les champs, les étendues de blé, les tonnes de paille et de grain qu'elle vomissait, ou crachait plutôt dans une trémie bruissante des grains qui s'ajoutaient en tas ondulants et gracieux. Moloch aux yeux percés dans l'obscurité comme à l'arme blanche, elle emportait mon père ou son collègue qui aliénaient leur corps dans cette noria de décibels et de poussières. Quand ils descendaient de l'engin, c'était pour marcher aux limites du déséquilibre, la chair encore travaillée des vibrations, des secousses, des cahots engrangés pendant des heures. Leurs visages étaient noirs, pelliculés, recouverts d'une croûte brune dans laquelle les yeux saillissaient, hagards et fatigués. L'iris bleu de mon père, le blanc, faisaient tache de mer et d'azur dans l'étendue tellurique du restant du visage : oasis de paix, malgré la fatigue, dans cet océan de crasse et de saleté.

De mon côté, englouti dans les ténèbres, caché, évitant de me faire voir, le laissant tout entier à son travail, je le regardais, pleurant parfois d'amour et de rage mélangés. J'ai passé des heures, ainsi, à le regarder, embusqué derrière une haie, au creux d'un fossé, dans les fondrières d'un chemin, derrière le tronc d'un arbre, en haut d'une pièce de terre d'où il ne pouvait me voir. Impuissant, révolté, malheureux de le voir ainsi sacrifié, utilisé, commandé, impliqué dans le travail de la ferme comme un matériel parmi du matériel, j'ai serré les dents plus d'une fois, à m'en faire mal à la mâchoire, retenu des sanglots dans le fond de ma gorge, à m'en tétaniser les cordes vocales, contenu ma colère et ma violence, à la sentir me travailler la poitrine, me déchirer le sternum.

C'est là, dans ces champs, dans cette campagne normande, cette plaine d'Argentan, que j'ai appris le monde du travail, la misère des ouvriers, la pauvreté de leur existence, leurs déplorables conditions de vie, au quotidien. J'ai découvert le cynisme des chefs de culture, des contremaîtres – qui parfois devaient leur promotion à l'usage que leurs femmes faisaient de leurs charmes auprès du patron propriétaire – en respirant l'odeur des saisons dans les pièces de terre retournées, cultivées, ensemencées, travaillées par mon père. Je venais juste d'avoir dix ans, je devais m'emplir, en même temps que les poumons des parfums de la nature, l'âme d'une pleine cargaison de révolte. Je ne crains plus d'en manquer, jusqu'au bord de ma tombe.

Cette rage au cœur, je l'ai expérimentée tout particulièrement un dimanche matin, toujours pendant la saison de la moisson. Mon père était rentré tard dans la nuit du samedi, le corps fatigué, perclus. Il avait passé son visage sous l'eau : j'en avais entendu les signes, le robinet de la cuisine qui coulait. Puis, il s'était allongé sur le lit, à peine déshabillé. J'avais regardé les aiguilles phosphorescentes du réveil : il était tard dans la nuit. Je voyais l'ombre de sa silhouette et j'entendais le tic-tac bruyant du réveille-matin à bon marché. Malgré les rideaux, l'enseigne lumineuse d'un café en vis-à-vis de la maison de mes parents apportait de la lumière dans la pièce. La fenêtre était ouverte sur les bruits et les odeurs de l'été. Lorsqu'il se préparait à aller au lit, mon père défaisait ses vêtements en préservant sa pudeur. Il les posait les uns après les autres sur le rebord d'un vieux fauteuil de coiffeur qu'on lui avait donné – et sur lequel j'ai depuis écrit tous mes livres. À peine allongé, il s'endormait – comme une masse, disait-il.

Le lendemain matin, après sa nuit, je l'ai trouvé dans la cuisine, se rasant. Mon père se rasait trois fois par semaine, c'était un rituel conservé des habitudes anciennes, celles de son père en l'occurrence, où le barbier accomplissait ce qui, depuis, est devenu une charge en propre pour chacun. Le jour de congé était de ceux au cours desquels il faisait mousser le savon à barbe dans un petit bol doré, avec son blaireau. J'aimais le bruit qu'il faisait lorsque mon père l'appliquait sur son visage, en le faisant tourner régulièrement, dans le sens des aiguilles d'une montre, puis à l'envers, de haut en bas, puis l'inverse. L'odeur était douce. Puis il plaçait une lame, extraite d'un petit emballage jaune, et la fixait à l'extrémité de son rasoir mécanique. Commençait alors l'opération proprement dite de rasage : crissement, grattage, je me souviens des bruits, les mêmes que ceux qu'aurait faits le passage d'un doigt ou d'un ongle sur du papier de verre. Son poil dur, coupé, rincé, faisait des dessins mystérieux sur la céramique de l'évier. Le brise-jet du robinet envoyait tout cela dans le précipice des canalisations après l'avoir contraint à épouser les mouvements en spirale de l'eau ainsi dispensée. Après le rasage, sa peau douce comme celle d'un enfant, il se rinçait longuement, puis s'essuyait avant de passer de l'eau de Cologne – du sent-bon selon les usages à la maison.

Le dimanche matin de moisson, donc, alors qu'il se rasait, est arrivé l'un des chefs de culture qui a garé sa méhari, le moteur tournant, devant la porte de la maison. Il a frappé, est entré. Puis, tutoyant mon père, qui le vouvoyait, il lui a enjoint, parce que le temps l'exigeait, de rejoindre le théâtre des opérations bien qu'il eût été convenu précédemment que ce jour devait être de repos. La moisson le voulait, le travail était impératif, le dimanche volait en éclats, pulvérisé. Bien sûr, comme toutes les autres heures supplémentaires, elles ne furent pas payées : c'était le métier, du moins c'étaient les usages. Le savon à barbe sur les joues, mon père obtempéra, devant ma mère et mon frère, n'ayant pas le choix. Alors, il essuya son visage, remballa tout son nécessaire à rasage, mit ses habits de travail, partit aux champs, passa la journée à la tâche. Ma mère pesta contre les patrons, se rebella, cria certainement un peu, fustigeant mon père d'avoir accepté, de s'être laissé faire, d'avoir consenti sans piper mot en laissant le champ libre aux gros, comme elle disait. Refuser est un mot ignoré de mon père, il me semble que, pour ma part, je n'ai connu longtemps que celui-là. D'ailleurs, encore aujourd'hui...

Parfois, mais certainement pas ce jour maudit – j'ai encore en tête l'odeur du parfum que mon père *ne mit pas ce dimanche-là –, nous allions dans les champs lui porter à boire. Car les chefs de culture se faisaient rafraîchir par leurs épouses – revenues de leurs cabrioles avec le patron – qui ne daignaient pas abreuver leurs ouvriers. J'ai compris dès cette époque que la lutte des classes était une création des patrons et des bourgeois, de leurs sous-fifres et hommes de main. Sur le chaume, adossés à des balles de paille, à l'ombre si possible, près d'une haie, nous ouvrions les bouteilles de cidre, de bière et d'eau. Les vêtements de mon père et de ses compagnons de travail étaient trempés, salis de sueur et de poussière, les muscles saillissaient, les forces étaient insolentes. Mon père ne buvait pas, là où l'alcoolisme était si facile, là où, d'ailleurs, tant de ceux de son équipe se sont laissé engloutir dans le vin rouge. Il préférait le café glacé, abondamment coupé d'eau. J'ai toujours vénéré sa sobriété en silence : là comme ailleurs, elle m'a donné un père digne.*

Au moment des labours, à l'époque où les corbeaux envahissaient la campagne, lorsque les ciels sont plombés, pesants comme doivent l'être les portes de l'enfer, j'allais le surprendre dans les immenses pièces qu'il retournait à longueur de journée. L'humus était puissant. Des hectares de terre grasse fouillée et de sol renversé parfumaient l'atmosphère. La surface plane était ouverte par les huit socs de la charrue, comme un scalpel découpe la peau pour atteindre les entrailles. Après le passage de l'acier, des pierres remontaient à la surface, puis des vers de terre qui grouillaient, dont certains sectionnés par le fil de l'instrument, des débris de la dernière guerre, aussi, morceaux de fuselages d'avions, d'obus éclatés, de matériel militaire, de chenilles et autres engins. Au bout du trait, mon père faisait la manœuvre pour le retour et de nouveaux sillons. Parfois, lorsqu'il me voyait, il me faisait un geste de la main, ample mais unique, puis il reprenait la posture. De temps en temps, je courais vers lui, il arrêtait son tracteur, je grimpais dans l'habitacle, et je faisais un aller et retour. Silencieux, secoués, ballottés, étouffés parfois par les gaz d'échappement qui revenaient dans la cabine refoulés par le vent, dans un vacarme de moteur, nous étions côte à côte. Mutisme de part et d'autre : de toute façon, on n'aurait pu s'entendre. Que partageait-on, alors ? Moi, je sais ce que j'appris et compris dans ces moments-là. Mais lui ? Jamais il ne m'a dit. Jamais, peut-être, ne me le dira-t-il. Le sait-il, d'ailleurs ?

De retour, sur les petites routes de campagne, j'étais certain qu'un jour je tâcherais de rembourser cette dette, ces heures de labeur pénible pour me payer des études, ce temps donné pour mon éducation, en pension. Comment ? Du moins, peut-être en n'oubliant pas, en me souvenant, en témoignant, en racontant, partout, ici, là, ailleurs, ce qu'est le travail de ceux qui peinent, le labeur de ceux qu'on paie des misères et qu'on exploite sans vergogne, l'aliénation de ceux qui n'ont ni la conscience, ni les mots, ni les moyens, ni l'occasion, ni le temps de dire, car ils sont démunis de tout. En ne cessant d'être le fils de mon père, un fils de pauvre, dans les châteaux et les palais, les universités et les salles de conférences, les livres et les colonnes des journaux, chez les éditeurs ou les bourgeois, les nantis et les sûrs d'eux. Car ce sont les patrons de mon père – un temps très court ils furent aussi les miens – qui m'ont fait rebelle autant que les prêtres de mon enfance chez les Salésiens m'ont converti à l'anticléricalisme. Je leur dois au moins ça. Et ceux qui, aujourd'hui, m'enjoignent d'oublier, de tirer un trait, de tourner la page, m'invitent à mieux me souvenir, à refuser de passer au feuillet suivant et à m'interdire toute forme de rature.

J'ai découvert que le corps de mon père n'était pas éternel une nuit que ma mère était absente et que mon frère et moi étions seuls avec lui. Avant que nous ne sachions qu'il s'agissait d'une indigestion, il nous a fallu regarder un père vomir, nous qui ne l'avions jamais vu malade, ni atteint, de quelque manière que ce soit. Je tenais la cuvette dans laquelle il se vidait de liquides et de bile. Haut-le-cœur, hoquets, entrailles arrachées, râles, il était là, devant moi, comme un malade qu'il n'avait jamais été. En vidant les matières piquantes du récipient, hagard, les yeux fixés sur son contenu, je prenais conscience que sous la peau blanche, sous les muscles durs, sous la charpente puissante, sous l'assurance tranquille de la machine, il y avait la fragilité et la précarité d'une existence, la ténuité d'un souffle. Quand les odeurs d'acétone ravagèrent mes narines, je sus que mon père était mortel... Ce que j'avais toujours craint, redouté, refoulé, caché, me surgissait en pleine face, comme un boulet de canon arrache une partie du visage. Les déchets du corps, les fragments renvoyés du corps, montraient les limites d'une chair et d'un mécanisme. Devant la cuvette, le temps s'est écoulé comme les sanies d'une plaie. J'ai senti dans mes jambes, dans les tendons et le jarret, la froideur d'une lame d'acier prête à me sectionner les tendons.

Plus tard, il me fallut retrouver l'épouvantable lame, derrière mes jambes, lorsque j'appris que mon père était gravement atteint d'angine de poitrine et qu'il lui fallait, séance tenante, partir à la retraite, déposer les bleus de travail, ne pas retourner à la ferme, le lendemain, et arrêter toute activité physique. Au plus tôt, il était urgent de pratiquer une opération, un triple pontage coronarien. À défaut, les médecins ne répondaient plus de rien : on m'apprit qu'il avait les artères épaisses comme du papier à cigarette et qu'il était important de faire vite.

À l'hôpital, où il attendait l'intervention chirurgicale, je suis venu le voir. Le silence me donne toujours l'impression qu'il doit être conjuré. Pas mon père qui reçoit mes questions comme à l'époque où j'étais enfant. Lui, toujours taciturne, moi, toujours bavard. Je lui ai demandé s'il avait peur de la mort, car l'idée de la sienne m'accompagnait comme une mauvaise ombre. Il me parut moins soucieux de cette question que moi. Étonné, il me répondit qu'il n'y avait pas pensé. Non, il n'y avait songé à aucun moment. J'ai souvenir de la qualité et de la quantité du silence qui suivit : la diversion fut facile, et dans l'instant nous fûmes sur un autre terrain.

Il partit, confiant, abandonnant son destin entre les mains de l'équipe des chirurgiens qui l'opérèrent. On scia son thorax qu'on ouvrit comme un fruit gorgé de sang, on accéda au cœur pour l'isoler, battant la chamade à vide, ne pulsant plus rien du tout, le sang transitant par la machine d'un cœur artificiel, on coupa les morceaux d'artère en mauvais état pour les remplacer par les tubulures veineuses prélevées dans le mollet, on abouta comme en plomberie, on agrafa les os de la poitrine au sternum, on cousit, on referma. Et je retrouvai mon père, dans sa chambre de réanimation. Dans le sas, avant d'accéder à l'espace aseptisé, on m'invita à passer un vêtement de couleur verte qui se boutonnait dans le dos, à recouvrir mes chaussures d'une espèce de sac en plastique, à me couvrir la tête d'un bonnet, vert lui aussi. Sur le seuil, je ne vis que ses pieds blancs dépasser, puis ses jambes, puis une blouse déposée sur son bassin, couvrant son sexe et son ventre. Son tronc était traversé verticalement par une cicatrice de chair boursouflée, tuméfiée, rouge par la chair, orangée par le liquide antiseptique, brune par le sang coagulé. Des fils noirs débordaient, noués dans le vif. Son visage était défait, comme un souvenir qu'on ne reconnaîtrait pas à cause du désordre installé dans la répartition : les yeux vitrés, perdus et injectés de sang, la bouche vidée de son dentier, les cheveux en bataille, gris et fins, tombant sur son front en mèches folles, une barbe drue. Abattu, le corps sondé, les veines perforées, les tubes courant sous la peau comme des serpents agiles et déterminés, il était branché sur des instruments auxquels il devait la vie. Conscient, mais épuisé, il reposait, paquet de viande réduit à la douleur.

Devant sa souffrance, son corps sauvé mais misérable, je me suis trouvé interdit, muet. Le temps que les émotions fassent leur trajet, que sa peine infuse la mienne et que je retrouve l'usage de la parole, me parut long, d'une insondable profondeur. Le premier mot que j'ai retrouvé fut papa, *un* papa *viscéral, venu du ventre et de plus loin que le ventre. Un mot chargé du sang et du placenta de ma mère, un mot nourri de la parturition dont il fut le géniteur. Les premières syllabes dites par un enfant, celles des limbes et qu'on sait cachées dans les pliures de l'âme, de la chair, de la moindre parcelle de corps. J'ai assisté à ce mot sortant de ma bouche comme à une nouvelle naissance de moi-même : un accouchement de ma personne auquel j'aurais assisté. Détruit, ravagé par l'intonation mise dans ce terme, j'ai étouffé un sanglot, avant de sentir les larmes brûler mes joues, comme chargées d'un feu venu de l'intérieur. J'ai pris sa main dans la mienne et j'ai retrouvé sa peau, ses doigts, leur épaisseur. Je lui ai demandé s'il avait mal. Lui, si pudique, silencieux sur ses émotions, ses affects, me confia qu'il n'aurait jamais cru devoir souffrir ainsi. Puis n'ajouta rien, retournant à sa douleur. La naissance de son cou était maculée de croûtes de sang, ses joues aussi. Ses poumons étaient comprimés, serrés comme dans une tenaille infernale. La mort n'était pas passée loin.*

Au cours des quelques semaines de réadaptation, de rééducation, il réapprit à respirer, à vivre avec son nouveau corps, à retrouver confiance, à reprendre goût à tout, à écouter les signes venus de sa chair, à se défaire de l'attention extrême portée aux battements de son cœur, à conjurer la peur, l'inquiétude, l'angoisse, anciens fantômes. Il retrouva la vie, je retrouvai mon père. Aujourd'hui, il a la solidité d'un beau vieil homme à qui je ne sais toujours pas comment il faut dire mon amour. Le silence est encore le tiers qui accompagne nos rencontres. Nos trajets nous ont conduits, lui et moi, sur deux planètes étrangères l'une à l'autre : l'une d'immanence, de silence, de mutisme, de simplicité, de paix, de sérénité, l'autre de mots, d'idées, de paroles, de verbes, de mouvement, d'inquiétudes. D'un côté la Terre, de l'autre Saturne, et un cours des planètes appelant les deux mondes à toujours évoluer dans le même rapport, la même distance, le même intervalle calculé. Pourtant, je sais qu'une partie de ma chair disparaîtra le jour maudit où il quittera ce monde.

DU MÊME AUTEUR

PHYSIOLOGIE DE GEORGES PALANTE, *Portrait d'un nietzschéen de gauche*, Grasset, 2002.

LE VENTRE DES PHILOSOPHES, *Critique de la raison diététique*, Grasset, 1989. LGF, 1990.

CYNISMES, *Portrait du philosophe en chien*, Grasset, 1990. LGF.

L'ART DE JOUIR, *Pour un matérialisme hédoniste*, Grasset, 1991. LGF, 1994.

L'ŒIL NOMADE, *La peinture de Jacques Pasquier*, Folle-Avoine, 1993.

LA SCULPTURE DE SOI, *La morale esthétique*, Grasset, 1993 (Prix Médicis de l'essai). LGF, 1996.

ARS MORIENDI, *Cent petits tableaux sur les avantages et les inconvénients de la mort*, Folle Avoine, 1994.

LA RAISON GOURMANDE, *Philosophie du goût*, Grasset, 1995. LGF, 1997.

MÉTAPHYSIQUE DES RUINES, *La peinture de Monsu Désidério*, Mollat, 1995.

LES FORMES DU TEMPS, *Théorie du sauternes*, Mollat, 1996.

POLITIQUE DU REBELLE, *Traité de résistance et d'insoumission*, Grasset, 1997. LGF, 1999.

À CÔTÉ DU DÉSIR D'ÉTERNITÉ, *Fragments d'Égypte*, Mollat, 1998.

THÉORIE DU CORPS AMOUREUX, *Pour une érotique solaire*,Grasset, 2000. LGF, 2001.

ANTIMANUEL DE PHILOSOPHIE, *Leçons socratiques et alternatives*, Bréal, 2001.

L'INVENTION DU PLAISIR, *Fragments cyrénaïques*, LGF, 2002.

CÉLÉBRATION DU GÉNIE COLÉRIQUE, *Tombeau de Pierre Bourdieu*, Galilée, 2002.

SPLENDEUR DE LA CATASTROPHE, *La peinture de Vladimir Vélikovic*, Galilée, 2002.

LES ICÔNES PAÏENNES, *Variations sur Ernest Pignon-Ernest*, Galilée, 2003.

ARCHÉOLOGIE DU PRÉSENT, *Manifeste pour l'art contemporain*, Grasset-Adam Biro, 2003.

Journal hédoniste :

I. LE DÉSIR D'ÊTRE UN VOLCAN, Grasset, 1996. LGF, 1998.
II. LES VERTUS DE LA FOUDRE, Grasset, 1998. LGF, 2000.
III. L'ARCHIPEL DES COMÈTES, Grasset, 2001.
IV. LA LUEUR DES ORAGES DÉSIRÉS (à paraître chez Grasset en 2004).

Composition réalisée par IGS-CP

Imprimé en Espagne par Liberduplex
Barcelone

Dépôt légal éditeur : 43705-03/2004

Librairie Générale Française – 43, quai de Grenelle – 75015 Paris
ISBN : 2-253-13068-0

30/1813/2